历史的丰碑丛书

居里夫人

我愿意燃烧光芒的放射镭

——爱因斯坦

科学家卷

放射化学的开创者
居里夫人

陈晶石　李风华　编著

吉林人民出版社

图书在版编目（CIP）数据

放射化学的开创者——居里夫人/陈晶石，李风华
编著.--长春：吉林人民出版社，2011.4（2025.4重印）
（历史的丰碑丛书）
ISBN 978-7-206-07662-6

Ⅰ.①放… Ⅱ.①陈… ②李… Ⅲ.①居里夫人，M.
（1867～1934）—生平事迹—青年读物②居里夫人，
M.（1867～1934）—生平事迹—少年读物 Ⅳ.
① K835.656.13

中国版本图书馆 CIP 数据核字 (2011) 第 038457 号

放射化学的开创者　居里夫人

FANGSHE HUAXUE DE KAICHUANGZHE　JULIFUREN

编　著:陈晶石　李风华
责任编辑:卢俊宁　　　　封面设计:孙浩瀚
制　作:吉林人民出版社图文设计印务中心
吉林人民出版社出版 发行（长春市人民大街7548号　邮政编码:130022）
印　刷:北京一鑫印务有限责任公司
开　本:787mm×1092mm　　1/16
印　张:8　　　　字　数:72千字
标准书号:ISBN 978-7-206-07662-6
版　次:2011年4月第1版　印　次:2025年4月第3次印刷
定　价:35.00元

编者的话

"欲知大道，必先为史"。

回溯人类的足迹，人们首先看到的总是那些在其各自背景和时点上标志着社会高度和进步里程的伟大人物。他们是历史的丰碑，是后世之鉴。

黑格尔说："无疑，一个时代的杰出个人是特性，一般说来，就反映了这个时代的总的精神。"普希金说："跟随伟大人物的思想是一门引人入胜的科学。"

以史为鉴，面向未来。作为21世纪的继往开来者，我们觉得，在知史基础上具有宽广的知识结构、开阔的胸襟和敏锐的洞察力应是首要的素质要求，而在历史的大背景中追寻丰碑人物的思想、风范和足迹，应是知史的捷径。

考虑到现代人时间的宝贵，我们期盼以尽量精短的篇幅容纳尽量丰富的信息，展现尽量宏大的历史画卷和历史规律。为此，我们编撰了这套丛书。

编撰丛书的过程，也是纵览历代风云、伴随伟人心路、吸收历史营养的过程。沉心于书页，我们随处感受着各历史时期伟大人物所体现的推动历史进步的人类征服力量。我们随着伟人命运及事业的坎坷与辉煌而悲喜，为他们思想的深邃精湛、行为的大气脱俗而会意感慨、拍案叫绝。

然而，在思想开始远游和精神获得享受的同时，我们也随之感受到历史脚步的沉重和历史过程的曲折。社会每前进一步都是艰难的，都伴随着巨大的痛苦和付出。历史的伟大在于它最终走向进步，最终在血污中诞生了鲜活的"婴孩"。

历史有继承性和局限性，不能凭空创造。伟人也有血肉，他们的思想、行为因此注定了同样具有历史的局限性和阶级的、时代的烙印；他们的功业建立于千千万万广大人民群众伟大创造的基础上。历史是人民群众创造的，伟大的人物们是历史和时代造就的。同时，我们也无法否定此间他们个人的努力。这也正是我们编撰这套丛书的目的。

我们期盼着这套丛书得到社会的认同，对读者，特别是青少年读者之历史感、成就感和使命感的培养有所裨益。史海浩瀚，群星璀璨。我们以对广大青少年读者负责的精神，精心遴选，以助力青少年成长进步，集结出版了《历史的丰碑》系列丛书，敬请读者批评、指正。

历史的丰碑丛书

编 委 会

策　划：　胡维革　　吴铁光

　　　　　林　巍　　冯子龙

主　编：　胡维革　　邢万生

副主编：　贾淑文　　谷艳秋

编　委：　（按姓氏笔画为序）

　　　　　于二辉　　刘士琳

　　　　　刘文辉　　孙建军

　　　　　李艳萍　　吴兰萍

　　　　　杨九屹　　隋　军

20世纪是群星荟萃、人才辈出的伟大时代。在科学的天际中，闪烁着一颗璀璨的明星；在妇女世界里，赫立着一位伟大的女性。她，就是出生于波兰的杰出女科学家，人类科学史上第一位女博士，两度诺贝尔奖金获得者，玛丽·斯可罗多夫斯卡——居里夫人。

她在极其艰苦的条件下发现并提取镭元素，从而成为原子时代的先驱者，开创了放射化学的先河。她一生坚韧不拔地迎接着命运的挑战，含辛茹苦，奋发学习；含悲忍痛，潜心科学，终于成就一番事业。

居里夫人艰苦而又光辉的经历，向人们昭示着"梅花香自苦寒来"的人生哲理。她的外柔内刚的典雅形象，她的冰清玉洁的高尚品格以及她的惊天动地的科学业绩，都为青年人树立了做人的楷模，引导他们步入正确的人生之旅。

目　录

历史的丰碑丛书

一个聪颖的波兰女孩

　　智慧是知识凝结成的宝石，文化是知识放射出的异彩。

——阿拉伯谚语

　　公元 1867 年 11 月 7 日，一个新生命在波兰华沙一个中学教师之家诞生了。她是这个家庭的第 5 个孩子，她的名字叫玛丽·斯可罗多夫斯卡。父亲斯可罗多夫斯基是一位中学数学、物理教师，母亲斯可罗多夫斯基夫人曾担任过女子寄宿学校校长。玛丽有 3 个姐姐和 1 个哥哥，他们是姐姐素希雅、海拉、布罗妮雅和哥哥约瑟。

　　当时的波兰正处在沙皇俄国的统治下，波兰人民饱受歧视和压

→玛丽·斯可罗多夫斯卡

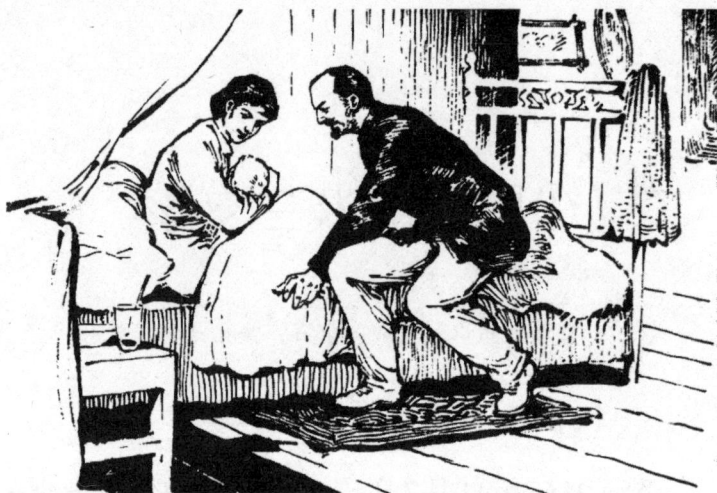

迫，生活在水深火热之中。玛丽·斯可罗多夫斯卡这7口之家，仅靠父母的微薄工资来维持艰苦的生活，但是父母亲非常重视孩子的教育，竭尽全力地供养孩子们读书。

玛丽是5个孩子中最小的一个，但是家庭对她并没有特殊照顾。他们兄弟姐妹的关系非常密切，相处得十分融洽。这是一个使父母感到慰藉的、活泼、团结和喧闹的小群体。他们玩各种游戏：有时在屋子里搭积木，有时在野外采野花，有时玩老鹰抓小鸡。在玩得忘乎所以的时候，便把积木当枪支、做子弹，弄得满屋子积木横飞，烟尘四起。这时候，懂事的大姐素希雅就过来"镇压"，于是，家庭才恢复了安宁。这5个孩子都很聪明，不过相比之下，玛丽天资更突出，

她具有非凡的记忆力，使得大人们都刮目相看，暗自赞叹："这孩子是天才的苗子！"但不能过早地让她学习，因为那会影响她的正常发育。

姐姐布罗妮雅经常仿照母亲那样，和玛丽玩教书的游戏。她当老师，让玛丽当学生。这样一来，使玛丽认识了很多字母，并会拼读，很快自己能看书、读诗。玛丽4岁时，一首诗只要读两遍，她就会一字不差地背下来。

一次父亲正在考布罗妮雅功课，布罗妮雅竟然有好几个字吞吞吐吐地读不出来，父亲很不高兴。这时，玛丽却随口读出了那几个字。父母都很震惊，愣愣地望着玛丽，布罗妮雅难为情地低下了头。这可把玛丽

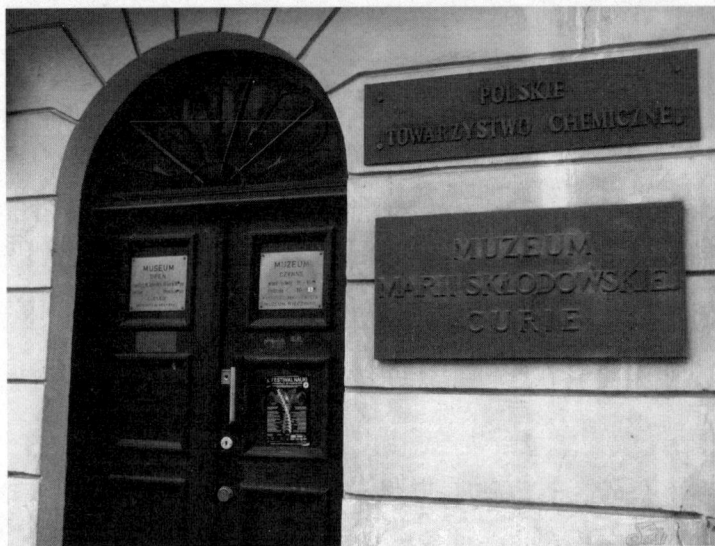

←居里夫人故居

吓坏了，她真的不知道自己做错了什么？她哭了，并且一再向父母道歉。

"请原谅我！我不是故意的！这不是我的错！也不是姐姐的错！只不过那些字太容易了！"

父母为玛丽智力发育过早而担心，所以他们不想让她早早进入学习状态，她还太小，姐姐们学习时，大人总会把玛丽赶出去玩。

到了玛丽该了解和掌握知识的年龄了。一天，父亲把玛丽带进了自己的房间，这是玛丽第一次进入父亲的房间。打开房门，她立即被那里的一切吸引了：她望望桌上，摆满了各种玻璃管、金属电器和小天平；看看墙上，挂着各式各样的温度计。她真没想到父亲

会有这么多稀奇的小玩意儿，一桩桩、一件件是那么牵动着她那童稚的心。她问父亲，那都是些什么东西，父亲告诉她那是物理仪器，等她上中学时便可用这些仪器做各种物理实验。玛丽真想快些长大，上中学就可以天天摆弄那些东西做实验了。也许就在此时，那一颗科学的种子深深地埋在这位少女的内心。

玛丽不但有超常的记忆力，而且有专心致志的学习精神，这是一般孩子所不具备的。正是在这种天分和性格中蕴藏着科学家的素质。

每当玛丽打开书本，马上进入学习状态，不管周围是多么嘈杂、混乱，都不能分散她的注意力。她学得总是那么专注、那么投入，小小的年龄就已经具备了坚强的自制力。

有一次同学们看着玛丽学得太痴了，就有意与她

→波兰华沙 老城集市广场

开玩笑。大家用椅子悄悄地在她身后垒起了三角塔，大家望着她身后高高堆起的塔尖，挤眉弄眼，你瞧瞧我，我望望你。有的捂着嘴都快笑出声来了。但玛丽什么反应也没有，仍然埋

← 波兰华沙　老城镇

头读书。时间一分一秒地过去了，她把最后一章读完，站起身来，准备离开这里。"哗啦"一声椅子塔倒了，玛丽吓了一跳，书本也掉在地上，大家哄堂大笑。玛丽弯下腰拣起自己的书本，说了一声"真无聊！"就默默地离开了座位。玛丽是一个很温柔的女孩，她从不知道如何发怒，她总是与世无争，而把全部精力都用在学习上。因此，她的学习成绩非常优异，各门功课都是第一，在全年级总是名列前茅。

尽管玛丽出生于一个温馨和睦而又有教养的家庭，但是，童年对她来说还是很不幸的，甚至可以说是多灾多难的。

波兰民族时刻被一种压抑的恐惧笼罩着，俄国统

治者的压迫、宗教的恐怖以及疾病和死亡威胁着每个家庭。

玛丽家庭无法摆脱民族的灾难和贫困的折磨。为了供养孩子们读书，父母不得不把自己的住房租给寄宿学生，甚至连卧室、饭厅统统倒给了住宿生。这个原来静静的空间，现在充满了学生们的读书声和打闹声，使得这个家庭的正常生活秩序遭到了破坏。生活空间的突然缩小，迫使玛丽的家晚上只好在饭厅里就寝、在沙发上睡觉。早晨又不得不早早起床，给住宿生腾出饭厅，以便让他们在此及时就餐。在这种无秩序的混乱生活中度日，真让人难以承受哇！不久，玛丽的母亲便患了可怕的传染病——肺病。这种传染性很强的疾病给玛丽母亲带来极大的痛苦，因为它隔绝了应该享有的天伦之乐。她那么爱自己的丈夫，那么爱自己的孩子，可是病魔不许她亲近丈夫，拥抱孩子。这对于一个母亲和妻子是多么遗憾的事呀！

玛丽不明白妈妈为什么不能拥抱自己，她更无法得到妈妈那甜蜜的吻。每当玛丽渴望在母亲怀抱里撒娇时，母亲只能以目光传递着无限的深情和伟大的爱，然后妈妈情不自禁地用手指轻轻地抚摸一下玛丽的头，便让玛丽赶快离开自己。

寄宿生也面临着一种传染病的威胁，有几个寄宿生得了伤寒病，这种病很快就传染给了素希雅和布罗妮雅。姐俩整天高烧不退，这时病重的母亲更是焦虑不安，可她又无法解脱孩子们的痛苦。她暗自向上帝祈祷，情愿让所有的痛苦都由自己承担。布罗妮雅总算摆脱了病魔的威胁，她很快恢复了健康。可大姐素希雅却没有逃脱这场灾祸，死神无情地夺去了这个少女的性命。

← 波兰华沙 王宫城堡

在玛丽兄妹痛苦地与大姐诀别时，妈妈卧在自己的病床上，望着死去的女儿，悲痛欲绝。本来大女儿过早地替她挑起了家庭生活的重担，可上帝为什么这么不留情面，夺走了她的性命。这种打击对母亲来说也许太沉重了。她的病情急剧恶化。

1878年5月9日，母亲预感到她将要离开亲爱的丈夫和可爱的孩子们，她辞退了给自己看病的医生，请来了牧师，因为她是一个基督徒，她想让上帝给孩子们留下幸福，保佑丈夫平安，不给亲人留下一丝的痛苦和不安。这一天，4个孩子都来到母亲面前，她用那无力而慈爱的目光，逐个地端详着孩子们，然后使尽了全身的气力打了一个手势，在胸前画了个十字，很吃力地说了最后一句话："我爱你们!"

是啊! 世界上妈妈的爱才是最诚挚，最伟大的爱。可孩子们失去了妈妈，意味着失去了这份最珍贵的爱。这个打击简直太沉重了。面对这种打击，孩子们一下子成熟了许多，兄妹们

都积极承担家庭责任，玛丽更觉得自己长大了，她开始知道替哥姐着想、替父亲分忧。

14岁那年，玛丽进入华沙公立女子中学，虽然家庭遭受了很多灾难，但灾难中也磨炼了她的意志。他们的父亲永远是一个坚强无比、锐不可当的人。他克服困难、战胜阻力，使4个儿女于艰难困苦中健康成长起来。

清晨，阳光从窗子射进餐厅，父亲望着阳光中4个出类拔萃的孩子，真是无比的欣慰。16岁的海拉，娴静而典雅，可称得上这家的美女；布罗妮雅那满头的金发，配上那红润的脸颊，更显得楚楚动人；长子那强壮的身材，敢跟北欧运动员媲美；玛丽那胖乎乎的小脸更显得美丽动人。

这几个孩子并没有辜负父母的厚爱，哥哥中学毕业取得了金质奖章，随后考进医学院攻读学士学位。布罗妮雅中学毕业也获得了金质奖章。这些都深深地鼓舞和鞭策着玛丽，她

更加刻苦读书。

　　玛丽在校不仅是出色的学生，而且也是一个十分活跃的爱国青年。她从小在民族气氛很浓的寄宿校读书，而目前上的中学却是俄国精神统治的学校，这种教育环境使玛丽很反感。玛丽对那些俄国教师恨之入骨，尤其是那个教历史的，她装腔作势，为统治者歌功颂德。玛丽经常耻笑她、蔑视她，产生了很强的敌对情绪。然而这所学校里也有令她敬仰的老师，玛丽最敬佩的是教数学和自然的两位波兰老师，他们才是自己志同道合的朋友和良师，同这些人才能沟通民族感情，焕发民族斗志。

　　最令人不能容忍的是，在华沙市萨克斯广场中间，俄国人为纪念那些效忠沙皇的走卒们树了一个石碑，碑上用俄文字刻着"纪念忠君的波兰人"。玛丽每经过这里便无比愤怒，她感到极大的耻辱，她恨不得踢翻那块石碑，把它踩在自己脚下。她恨那块石碑，她狠狠地在石碑上吐唾沫，想借此发泄内心的不满。那块石碑存在一天，玛丽就唾它一天，每次路过那里都如此，如果偶尔忘掉了，她会走回来补上一口吐沫。

不久，哥哥大学毕业，获得了医学院学士学位。姐姐海拉专攻音乐，她的歌唱得很好，已经不用家里操心了。布罗妮雅中学毕业，在家里帮助操持家务。玛丽于1883年中学毕业，也荣获了金质奖章。这些荣誉对这个家庭是极大的快慰。也是孩子们对父亲最美好的报答。

← 波兰华沙 城堡广场

坎坷的求学之路

命运如同海风——吹着青春的舟，飘摇的，曲折的，渡过了时光的海。

——冰心

紧张的中学生活结束了，但当时华沙还没有一所能录取女子的高等学府，如果想让孩子们继续深造，只有走出国这条路，可做父亲的深感自己力不从心，靠他那微薄的工资，实在无力供养两个女儿去国外读书。于是，父亲只好暂时让孩子们放松放松，把他们送到农村，让他们去熟悉一下自己的家族，去领略一下自然的风光。

就这样，玛丽和布罗妮雅满怀喜悦的心情，离开了华沙，去了自己家族所分散的那些

←居里夫人铜像

地方。她们很有兴致地体验故乡的风土人情，豪情满怀地浏览了各村的田园风光。故乡的风土人情培育了她们恋土怀乡的情感；如诗如画的自然美景，陶冶了她们的性情。

←这是坐落在波兰华沙古城里的居里夫人的故居

在农村，她们结识了很多新伙伴，家乡的亲戚和朋友对她们非常热情，都以最好的礼节来接待她们，都用最丰盛的食品来款待她们。最令她们高兴的是，她们可以尽情地玩耍，不必再为学习而大伤脑筋了。她们爬山、游泳、荡秋千、滑雪橇，尤其让人开心的是，在农村学会了骑马。当玛丽伏在马背上，两手紧紧地拉着缰绳，她真有一股腾云驾雾之感，仿佛自己是一名英姿勃勃的骑士。玛丽觉得这种生活非常让人开心。

时间在飞快地流逝，转眼间到了该回华沙的日子。返回华沙后，家境进一步恶化，她们的住所又搬了，

搬进了一座又破又旧的房子里。

面对破旧的房屋，看看自己那苍老的父亲，玛丽和姐姐都很痛心，她们再不能给他增加精神负担了。这位失去妻子的老人，为了她们耗尽了心血，他老人家够苦的了。尽管她们都渴望有机会继续深造，整日做着出国的梦，因为她们都不是等闲之辈，谁也不自甘平庸。但此时，只好把求学的欲望深深地埋在心里，她们急需找份工作，来缓解一下家庭经济上的困难。

玛丽的父亲是一位民族感很强的老人，他的爱国主义思想一直深深地影响着孩子们。这期间，玛丽姐妹一方面积极寻找工作，另一方面积极参加爱国运动。在朋友的介绍下，玛丽有机会参加了一个青年秘密组织——流动大学。只有在这里，波兰人才能自如地运用自己的语言来讲授各门课程，用以提高民族文化水平、增强民主意识和爱国思想。当局奴役着波兰人民，意在使其愚昧、落后，而这所大学则反其道而行之，为提高波兰人民的整体素质而竭尽全力。

玛丽和姐姐踊跃参加这里组织的各项活动，她们组织工厂工人学文化，组织妇女参加爱国活动，自己也有机会学习解剖学、博物学、社会学，不断充实自己的知识和文化水平。此外她还读了许多课外书籍并练习写作。玛丽从小就很喜欢诗，每当灵感迸发时，她便满怀激情地写几首诗。

这段秘密的地下活动，使玛丽觉得很充实，也很

欣慰。玛丽意识到，一个民族要想崛起，必须掌握文化和科学知识，而掌握先进的科学知识是年轻一代的当务之急。

一种迫切的求知欲望，不时地在她心里涌动。可是出国深造需要很多钱，她们必须首先想办法解决出国经费的问题。这时，布罗妮雅已去当家庭教师，为出国求学筹措资金。但是，工作了很长一段时间，却没攒下几个钱，这使她非常苦恼，甚至感到自己前途渺茫。

妹妹玛丽早已把姐姐的痛苦看在眼里，记在心上。她暗自在替姐姐想办法。

她想，如果想让姐姐踏上出国之路，只有把大家

的力量合起来才有希望，玛丽决定自己也去当家庭教师。可她仅有17岁，刚刚中学毕业，如何能受到信任呢？玛丽暗自为自己鼓气：我会几种外语，又获过中学金质奖章，可以去试一试。

← 居里夫人铜像

居里夫人
焕放美丽光芒的放射线
——镭的发现

玛丽也在做着上大学的梦，也幻想有朝一日能去巴黎读书。但她的性格决定她总是先人后己，把好事先让给别人。

布罗妮雅已经觉得自己读大学没有什么希望了，每当她给人家孩子上完课，总一头扎在床上，长时间地盯着天花板出神。她太苦恼了，觉得没有比上不了大学更让她痛心的事了。

有一次，布罗妮雅拿出一张纸，用心地计算着自己现有的钱和去巴黎读书的费用，看看还差多少？玛丽在一旁从她脸上看出，钱差得很多，因为姐姐的表情里一丝喜悦也没有。后来每算一次都失望一次。

一天，玛丽轻轻地走到姐姐身边，亲切地对姐姐说："我看看你现在积攒下的钱够在巴黎住几个月？"

"只够旅费和医学院一年的费用，可医科需要5年才毕业呀！"布罗妮雅愁眉苦脸地回答："像我们这样1小时只赚半个卢布，永远也不够哇！"

玛丽说："我们可以联合起来，我有个计划，我们各自奋斗，只要过几个月，你就可以坐上通往巴黎的列车了。"

布罗妮雅非常震惊，她无法相信这种可能，她瞪大眼睛，惊奇地对妹妹说："玛丽你疯了吗？这是不可能的……"

玛丽却心平气和地说："布罗妮雅，我并没有疯，开始你用自己的钱，以后呢，由我和父亲陆续为你寄钱。"

玛丽的话深深地打动了姐姐，她紧紧地拥抱着妹妹，流下热泪。布罗妮雅又感动又内疚，论天资，玛丽可比自己强得多。布罗妮雅对妹妹说："为什么让我先走，你的智力比我好，你应该先去，我来挣钱帮助你。"

玛丽却推辞说："姐姐别傻了，你已经20岁了，可我才17岁，我还有很多机会，等你读完医科大学后回镇开个诊所，你会用黄金把我埋起来的！"

玛丽为实现自己的诺言，终于踏上了艰辛的家教

之路。为了能够得到高一点的家教费，她宁愿背井离乡，去偏远的地方执教，并兼给人家洗衣、做饭，为的是尽快给姐姐凑足费用。

17岁的女孩子，当一名家庭教师，其困难是可想而知的。玛丽所去过的家庭，有的很尖刻、有的很吝啬、有的又不近情理。他们简直把家庭教师当作自己的仆人，而且没完没了地横加挑剔。所有这些委屈玛丽都得忍受，她无法向亲人诉说，尤其不能告诉她的老父亲。

后来玛丽几经周折，终于在一个遥远的地方找到了一个令她较满意的家庭。这家女主人很热情，这家的孩子也很懂事，学习很努力，这里的薪水较高，她和这个家庭相处得也很好。可这家读大学的长子回家度假后，却给玛丽带来了很尴尬的局面。

他是一名青年大学生，气质潇洒，才华横溢。他被满头金发、身材婀娜、气质娴静的玛丽深深吸引住了。他们一见钟情。这个假期里两人完全陶醉在欢乐的气氛中。他们一起划船、游泳、唱歌、跳舞、骑马……，这个青年真不敢相信这

心，我们应该有恒心，尤其要有自信力。
——居里夫人 语

位文静的少女会有这么多爱好。他们深深地相爱了。他向玛丽求婚，玛丽答应了。可那青年的父母却严厉拒绝，他们不能容忍一个家庭教师成为自己的儿媳妇。

弱者坐待时机，强者创造时机。
——居里夫人

这种精神上的打击，使玛丽的自尊心受到了极大的伤害。她感到羞愧难当，无地自容，她真的想收拾行装，立刻离开那里，一分钟也不想再待下去了。

可一想到姐姐时刻等待着自己的资助，又怎么能轻易放弃这项合适的工作呢？为此，玛丽咬着牙

关，忍着屈辱，继续在那里工作下去，一干就是3年。为的是这家有较高的报酬。后来回到华沙，在一个海滨城市又工作了2年。她足足做了5年家教，一个卢布一个卢布地积攒，源源不断地送到姐姐的手上。到了玛丽24岁时，布罗妮雅终于在巴黎医学院毕业，并且在那里结了婚，姐夫也是一名医生。她们写信让玛丽赶快去巴黎，资助她读巴黎大学。

玛丽捧着姐姐的信，泪水一滴滴地流着，打透了信纸。自己的梦想终于可以实现了，即将走向那座向往已久的高等学府了。

艰辛的大学生活

> 艰难的环境一般会使人沉没下去，但是，对具有坚强意志，积极进取精神的人，却可以发挥相反的作用。环境越是困难，精神越能发奋努力。困难被克服了，就会有出色的成就。这就是所谓"艰难玉成"。
>
> ——郭沫若

玛丽即将就读的那所法国大学，是世界上久负盛名的索尔本大学（即巴黎大学）。几世纪前人们就称这

← 欧洲大学之母——巴黎大学

所大学为"宇宙的缩影"。它可称得起知识的宫殿、智慧的教堂。一想到自己将要在举世闻名的大学学习，玛丽无法抑制喜悦和激动的心情。然而，摆在面前的困难也是难以回避的。因为她还没有备足求学的费用，姐姐刚刚工作、结婚，生活也很困难，她必须精打细算地节省每一分钱。

玛丽带着最简单的行装，吃着最便宜的饭食，乘着最低等的火车出发了。

本来，从波兰到巴黎的长途旅行，乘上等车也会疲惫不堪的，可玛丽乘的却是四等火车。这种火车跟货车差不多。车厢四周的长条凳子，已坐满了旅客，玛丽只好把自己的折叠椅子放在中间，权作跨国长途旅行的座位。她既激动又忧伤，激动的是她终于要实现自己向往已久的梦想了。忧伤的是，看见了站台上为她送行的老父亲，难忍的酸楚涌上了心头。玛丽看看表，距开车还有几分钟，她突然跳下车厢，走到父亲跟前，双手紧紧地搂着父亲的脖子，一字一泪地对父亲说："我不会离开很久，两年至多三年，一毕业，立刻就回来。"

父亲老泪纵横，对玛丽说："玛丽，好好用功！祝你好运！"

玛丽真没想到，一踏上法国的国土，科学事业就把她长久地束缚在巴黎。

她荣幸地成为法兰西共和国理学院的第一期学员时，是1891年。24岁的玛丽选择了物理系。

她所在的班里都是法国学生，仅有她一人是波兰籍。这不能不引起同学们的注意和新奇。而且很多

← 埃菲尔铁塔

　　男学生对这位沉静典雅、庄重美丽的波兰女学生很感兴趣，不时向玛丽投来热烈和爱慕的眼神。然而，玛丽并不理会他们别有用心的关注，她极力地疏远他们。因为玛丽很珍惜自己难得的学习机会，她不想在谈情说爱中去虚度年华，浪费青春。

　　玛丽每坐进教室，注意力就会被老师所吸引。她完全陶醉在老师那广征博引、淋漓尽致地讲授中。老师那形象生动的比喻、丰富大胆的设想，那渊博的知识，无不给玛丽留下极其深刻的印象。她能牢固地掌握知识，深刻地理解知识，这和老师那高水平的讲授是分不开的。

　　尤其是阿佩尔教授的讲授，更使她眼界大开。他气吞山河，仿佛在操纵着宇宙，他对同学们讲："我拿起太阳来，再扔出去。"

多么豪迈而风趣的语言，又包含着多么深刻的哲理！这种无法抗拒的吸引力，深深地吸引着玛丽。玛丽敬佩她的每一位老师，崇拜教过她的所有教授。玛丽感到以往的任何老师都无法跟这里的老师相比。她深深地感到每堂课都是她知识上、精神上的最大享受。

玛丽在波兰得过金质奖章，可算是十分出色的学生了，但来到这里却产生了危机感，毕竟原来学校的教学质量无法跟这里相比。原来的数学和物理是玛丽的强项，可在这里却没有多大优势。这就是说，要想取得理科学士的头衔，并不那么轻松的，必须努力拼搏。

来到巴黎，唯的一精神上和物质上的依靠，是姐姐布罗妮雅一家。为节省房租，她就住在姐姐家里。姐夫和姐姐热情诚恳地关心她。

←巴黎大学

　　姐夫是一名医德和医术很高的医生，有很多患者常来找他诊治。姐姐又是一个交友广泛的人，所以这个家庭永远被喧闹的气氛笼罩着。这种环境非常不利于玛丽的学习，她常常处在困扰之中，又苦于无法去阻止人家。

　　有时玛丽正在聚精会神地做功课，姐夫突然出现在自己面前，打乱了她的思路。姐夫是怕玛丽过于用功累坏了身体，所以他常常用聊天来分散玛丽的注意力。此外，姐姐和姐夫还经常带玛丽一块去跳舞或听音乐会。开始时，玛丽对这种款待感到高兴，觉得只有在这个自由的国度里，才可能让人们充分享有精神上的乐趣。然而，时间一长，她却有了危机感。如果再这样下去，她无法得到更好的深造，甚至有荒废学业的危险。当她意识到这种可怕的后果时，便开始谢绝一切娱乐活动，专心致志地读书。经过反复思考，玛丽决定从姐姐家搬出去。可玛丽不想让姐姐为难，只好找些理由跟姐姐说："这里离学校太远，每天路上要浪费很多时间，每天乘车又要浪费好多钱。"

　　姐姐看玛丽态度很坚决，只好答应了妹妹的要求。经过多方面努力，总算在学校附近租了一所房子。自然房子应该是最廉价的。

　　玛丽租到的是一处小阁楼，长久无人居住，又脏又乱。没有上下水。空间很狭窄，四壁黑墙，只是棚顶有个小小的天窗，白天可透进一缕光线。玛丽认真地清扫后把自己的用品安置在这个小小的空间里。这就是她晚间就寝和学习的地方了。

白天玛丽过得还算愉快，她能坐在宽敞明亮的教室里，倾听老师讲授课程。傍晚一段时间过得也还舒适，她可以去图书馆看书，或者去实验室做各种实验。可夜里10点钟以后，时光就难熬了。那时图书馆已闭馆，实验室已关门。玛丽只好拖着疲惫的身躯，很不情愿地返回自己的小阁楼。

阴冷的阁楼没有电灯，只好点个小油灯；空间狭窄，没有放椅子的地方，就把箱子抽出来当椅子坐。到了冬季，玛丽的日子更难过了。巴黎的冬天很冷，这间

小阁楼更加寒气逼人。玛丽只好把箱子里所有能穿的衣服都穿在身上用来御寒，在幽暗的灯光下刻苦地攻读，一直学习到凌晨二三点钟。

每当钻进那冰冷的被窝时，被褥仿佛长满了冷针，向身体刺来，她浑身颤抖地缩成了一团。玛丽仔细地搜索着，看房间里还有没有可以御寒的东西。她突然想起床下还放着旅途用的折叠椅，便把它拿出来压在被子上，似乎觉得这样就暖和点了，而实际上那把椅子只增加点重量，它并不会起防寒的作用。

玛丽在这种环境中，不知吃多少苦，受多少冻。她的脚常常冻麻了，手冻木了。为了节省金钱和时间，就连一日三餐她都很难保证。紧张的学习使她常常忘了吃饭，有时仅匆忙地啃几口面包、喝点白开水，又去学习了。

这样的日子久了，玛丽得了营养不良性贫血症，常常感到头昏目眩。有一次，她突然昏倒，同学们吓坏了，立即通知她姐姐。姐夫赶到现场，见到玛丽那苍白的面孔，心里非常难过。

身为医生的姐夫，一看玛丽的症状，就知道是劳累过度和营养不良造成的。

姐夫问玛丽吃得怎么样？玛丽回答吃得很好。可姐夫在玛丽碗里仅发现几个樱桃和几块萝卜。姐夫又生气，又心疼。责备玛丽："你怎么会这样不知道照顾自己？"

姐夫又把玛丽带回了自己的住处。姐姐精心地照料她，千方百计地为她调剂伙食，使玛丽很快就恢复

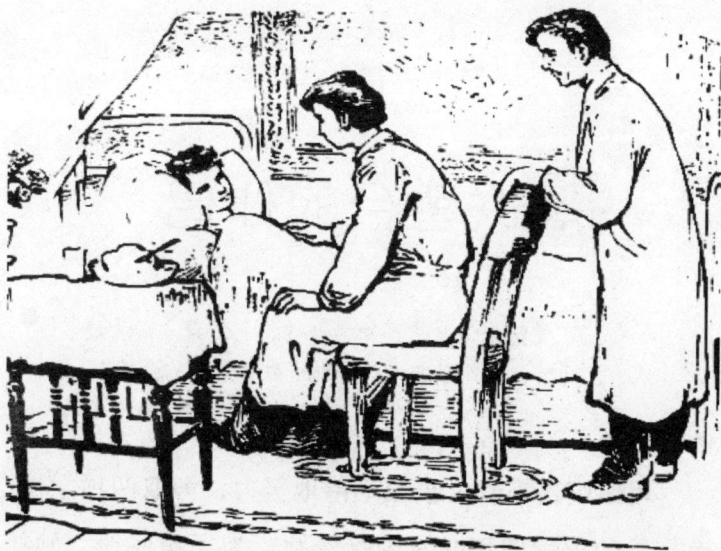

了健康。恢复了健康的玛丽，一分钟也不想浪费，决定马上返回自己那间小阁楼去。

尽管姐姐姐夫百般地挽留，她都不肯继续留在那里。姐姐只好答应她回去。临走，姐姐和姐夫再三叮嘱，让她注意饮食，注意适当地休息。玛丽虽然满口答应，可一回到自己的小空间，姐姐的叮嘱早忘到九霄云外去了。

玛丽又过起了苦行僧式的生活。她就是在这种恶劣的环境中，克服令人无法忍受的困难，终于在1893年取得了物理学硕士学位、1894年又取得了数学硕士学位。连续两年获得两项硕士学位，这在这所著名的大学里是很少见的。

珠联璧合的伴侣

> 爱情应该是崇高而美丽的，它鼓舞人们去建
> 立功勋，它能激发人们的创造力和崇高的感情。
>
> ——柯切托夫

玛丽废寝忘食、孜孜不倦地努力，考取两项学位。而高昂的求学费用时时困扰着她，为了赚些钱，她接受了国家工业促进委员会有报酬的研究课题——钢铁磁性研究。这是她第一次独立从事研究工作。

要确定各种钢铁的磁性，就要广泛收集钢铁矿物的样品。摆放这些样品需要很大的场地和一套很复杂的设备。所借用的李普曼教授的实验室无法容纳这么庞大规模的样品。望着挤得满满的实验室，玛丽十分着急。她不得不到处去寻求另外的实验场所。

1894年4月，玛丽的波兰女友来巴黎旅行结婚，女友的丈夫也是波兰学者。他们向玛丽推荐了一位新的学者、教授，即比埃尔·居里。他们告诉玛丽，他是一个很有才能的学者，也是一个很值得信赖的人，也许他会给她帮助的。

这时的玛丽已经27岁了，她已在巴黎住了3年。3年紧张的学习生活，加之曾有过的恋爱失败的阴影，使她把婚嫁的事早已排除在个人生活之外了。对于这位专心致力于科学事业的女子来说，爱情的种子并非不能萌发，也许是尚未遇到与自己事业理想及性情爱好相合的人选。

1876年，十七岁的比埃尔·居里正在索尔本大学学习物理。同时他还在医药学院物理实验室任助教的助手，显示了出色的才干。

第二天，在朋友居住的地方，玛丽见到了居里，这位法国人竟然还是个单身汉。他很有绅士风度，很有学者气魄，身材高大，眼睛明亮，和蔼可亲，确实是一位值得信赖的人，初次见面就给玛丽留下了很好的印象。在谈到科学和感兴趣的社会问题时，两人的观点竟是那么惊人地一致，甚至连他们的家庭环境、教育状况都是那么相似。

比埃尔·居里在工业理化学校任教，他1859年生

于巴黎，比玛丽大8岁，父亲是医生。由于他从小性格独特，非常富于幻想，无法适应一般的学校教育，父亲、母亲就亲自教他，直至14岁才为他单独请一位老师。比埃尔·居里16岁高中毕业，18岁获得了理学学士学位。1882年受聘于巴黎市理化物理实验室任室主任。他和兄长雅克斯共同研究发现了"压电"现象，发明了能够精确测量微量电荷的静电计。1893年又发明了不用砝码的精确的居里天平。现正继续晶体物理学的研究事业。因无暇顾及身边的女人和自己的婚事，转眼已经到了35岁。

这次偶然结识秀丽的波兰女子玛丽，居里被玛丽那优雅的举止和柔美的风姿所深深吸引，尤其是内心世界的沟通，对一切事物的观点、看法是如此的相同和一致。

科学事业已把他们紧紧地连在一起，相识了1年零3个月后，曾发誓终身不嫁的玛丽和要一辈子摆

这是比埃尔·居里和他母亲的合影

1895年居里与玛丽结成了终身伴侣。由于经济拮据，他们只能骑车去度蜜月。

脱女人束缚的居里结婚了。1895年7月26日，这是一个美好幸福的日子。从此，他们便成为终生不渝的人生伴侣和科学事业上的最佳搭档。

参加婚礼的除玛丽的父亲、姐姐、姐夫外，还有居里的本家和他们的几个十分亲近的朋友。婚礼既俭朴，又别致。没有白礼服，没有金戒指，没有"喜宴"，没有宗教仪式，也没有公证人。这种婚礼的构思非常符合玛丽的心意。

他们用别人送来的礼金，买了两台自行车，婚礼结束后，便开始了自行车上的新婚旅行。在法兰西岛区的路上，他们沉醉于大自然的美丽风光。穿越丛林、草地和村庄，在野外午餐，投宿在陌生的农舍。清静的池塘，活泼的小动物，薄云飘动的天空，各种美丽的野花，都给他们深深的慰藉，使他们的新婚生活更加醉人。居里夫人不知疲倦地跟在丈夫的后面，讨论着自然、人生和科学上的问题。这些幸福的日子，给他们留下了温馨的回忆。

一个新的家庭诞生了，他们把家安在了格拉西埃尔路24号，三间小屋没有华丽的装饰和贵重的家具，工作室只有一个书橱和一张白色木桌，木桌两边是居

比埃尔有一位哥哥，比他大四岁。两人在1880年合作发现了压电效应。当时比埃尔才二十一岁。图中左侧站立者就是雅克斯。

里妇人和丈夫的椅子，桌面上是一些书籍、一盏油灯和一束花。他们不想摆那些多余的家具，一方面他们不想浪费更多的钱，另一方面更不想为收拾擦拭家具而耗费自己宝贵的时间。

居里每月工资500法郎，他们就是用这500法郎来安排自己的生活。为节省开支，玛丽买了一个账簿，来记载每笔支出的款项。家里雇不起女仆，玛丽除实验室的繁重工作之外，还要自己承担洗衣、清扫、买菜、做饭等家务劳动。

玛丽每天做完8小时的实验，回家准备晚餐，饭后，赶紧坐在白木桌的一端，准备她的大学毕业生的职业考试。比埃尔则坐在另一端，埋头撰写他的教案。他们有时会抬起头来，温情地对视着对方，各自脸上充满了幸福的微笑，然后再默默地投入工作。有时他们就这样工作到凌晨两三点钟。对于这种生活，他们觉得非常充实，也很甜蜜。

第二年8月，玛丽在毕业生担任教师的职称考试中以第一名的优异成绩通过，同时理化学校决定聘用她到比埃尔的物理实验室工作。他们非常高兴，之后他们又双双骑上自行车去法国南部考察和旅游。

他们在空气清新的山地攀登，在高原凉爽的绿地浏览，在美丽的峡谷中徘徊，在朦胧的月光中漫游。他们同大自然建立了密不可分的联系，疲惫的身心总可以在大自然的怀抱中得到休整，藉以充实生命的活力。

　　1897 年初，玛丽感到身体不适，她怀孕了。她渴望自己有个孩子，可这毕竟会对她那紧张的钢铁磁化作用研究有一定的影响。不巧比埃尔的母亲又病重了，这使玛丽忧心忡忡。9 月 12 日她们的大女儿伊雷娜出生了，这样一来，生活的担子更加沉重。医生明确提出，不许玛丽用母乳再给瘦弱的孩子喂奶，她只好给孩子找了个奶妈，但其他照顾孩子的事全都是玛丽亲手去做。她决定把家庭重担和科学研究同时承担起来。她忙碌在实验室里，比埃尔用他自己长期积累的理论和实践来指导夫人，对玛丽有很大的帮助。玛丽通过大规模、深入精确的研究，完成了工业促进委员会委托的任务，发表了《回火钢的磁化作用》论文。当时在实验室工作的女科学家中，还没有人达到这样的水平，这使玛丽感到自己可以在传统的男人的科研领域一显身手了。

　　钢铁磁化成果的取得与他们第一个孩子的出生只差3个月，但不幸的是在孩子出生几天后，比埃尔的母亲便病故了。比埃尔的父亲给玛丽很大的帮助，他亲自照料这个孩子。后来比埃尔和玛丽迁居到克勒曼大道的一所小屋，这个老人就搬去和他们同住。这样，尽管他们的经济生活很拮据，但他们在生活中事业上互相帮助、互相支持、互相勉励，使他们的爱情更加甜蜜、婚姻更加美满，从而也使他们能够齐心合力向科学的巅峰发起冲击。

比埃尔·居里的父亲欧根·居里大夫是一位思想进步的学者，支持过巴黎公社。

震撼世界的伟大发现

> 实验科学是了解大自然的顶峰，它能够取得
> 最重要的实际效果。它是各科学的女王，各科学
> 是它的侍女。
>
> ——培根

　　自从比埃尔走进了玛丽的生活，他们真可称得上
是比翼双飞的伴侣。他们在事业上互相鼓励，不断进
取。

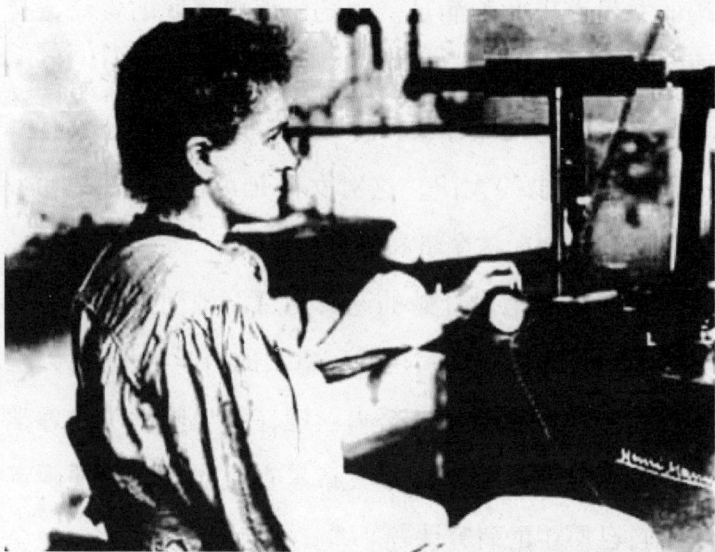

→居里夫人工作照

　　这时玛丽不仅取得了两个学位，而且，又获得了大学毕业生在中等教育界任职的资格。作为一个女性，取得这样显著的成绩是足够人们羡慕和崇拜的了，可玛丽并没有以此为满足。她既要承担家庭的责任，又要向科学的更高目标冲击，还要取得博士学位。

　　这可是一个宏伟的目标。当时的女人，还没有一个迈进过博士的大门，这对女性是可望而不可即的，但玛丽顽强地向这个崇高的目标进击。

　　玛丽精心地设计她的论文题目，她期望自己的论文必须更具有独特的实用性和重大的科学价值。为此，她要付出比别人更多的努力。她仔细地阅读了物理学方面的最新著作，在大量文章里查找线索，以便确定符合自己愿望的研究课题。

居里夫妇富有成效的合作，对科学作出了重要贡献。在居里先生的鼓励下居里夫人选择了放射性的研究工作。

她终于找到了理想的线索，即物理学家柏克勒尔曾发现了铀的盐类能够放射出一种奇妙的射线。这种射线虽然看不见，但它却能穿过普通光线所不能穿透的黑色纸片，使照相底片感光，并且可以使它周围的空气变成电的导体。虽然柏克勒尔发现了这种射线，但为什么铀盐能放出这种射线呢？这个重要的问题一直没有解决。这是一个诱人的谜。

据玛丽了解，目前欧洲所有的实验室还没有人深入研究过铀射线，这是一个尚待挖掘的新领域。玛丽意识到，这是一个很有价值的研究题目，必将产生开创性的成果。她把这个想法告诉了比埃尔，比埃尔非常赞同这一选择。于是，玛丽怀着探索科学秘密的兴奋心情，踏上了研究放射线的艰辛道路。

首先，玛丽需要一个宽敞的实验室，比埃尔为此东奔西走，经过多方努力，理化学校同意把一个潮湿寒冷的小机器房借给她。

这个机器房空间狭窄，环境恶劣，确实不适于做实验室，但居里夫妇别无选择。这样艰苦的条件，并未使他们却步，他们满怀信心。玛丽找来几件简单的仪器，设置了一个"电离室"。她使用了比埃尔兄弟以前做其他研究时发明的一种极好的方法，就是从测量钠的电离能入手，来测定铀射线的一些特性。几星期后，她发现铀的放射线强度与试样中铀的含量成正比。这种放射线的强度可以精确地测量出来，而且这种放射线的强度不受外界环境的影响。接着，她又确定这种神秘的辐射是一种原子的特性。

→居里夫妇带领女儿，全家在一起散步。

　　她想，除了铀可以发生放射线外，是不是还有其他的物质也具有这种性质呢？玛丽对这个问题产生了浓厚的兴趣。于是，她放下了对铀的研究，决定检查所有已知的化学物质是否也具有放射性。不久，就有了振奋人心的发现，钍元素竟然也能发出射线，与铀的射线强度相似。这表明，这种放射性质并不是一种物质所独有的，而是一些物质所具有的通性。现在应该给这种性质起个名字了，玛丽把物质的这种放射现象称为放射性，把具有放射性的物质称作放射性元素。

　　初战告捷，使玛丽又惊又喜，她像一个发现了野兽踪迹的猎人，把目光投向更广阔的领域，准备捕获更大的猎物。她把检查范围从单质元素和简单的化合物扩展到各种复杂的矿物，她要把理化学校采集到的各种矿物逐一检验。比埃尔又给予她有力的支持，亲自帮助她制作标本。

有一天，玛丽把沥青铀矿标本摆上了工作台，像往常一样用静电计进行检测。这时，令人震惊的情况出现了，这种矿物的强大放射性，是铀和钍所无法相比的。是不是在测量上出现了错误呢？玛丽反复检查仪器、重复进行测验，而检测结果都是相同的。她认为，存在于沥青铀矿中的铀和钍绝不能发出这么强大的射线，而在目前已知的各种物质中只有铀和钍具有放射性。那么，这就表明，在沥青铀矿中必然含有某种未知的放射性更强的元素。1898年4月12日，玛丽在给法国科学院的报告中谨慎地提出：这一事实十分值得注意，它使人想到，这些矿石内可能含有一

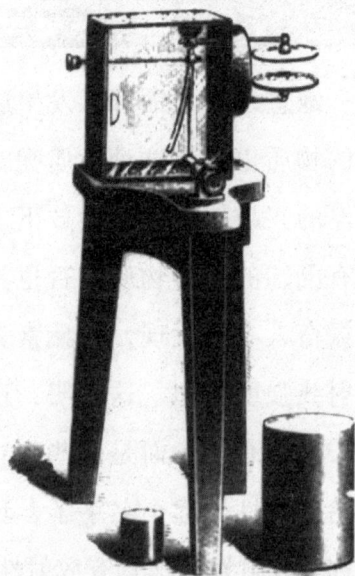

居里夫妇用电离室法测量放射性的强度，在侧面的电容器的下极板上放着待测的铀盐。验电器起着测量电离电流的作用。

种比铀活跃得多的元素。

　　说存在着一种新的具有很强放射性的元素，这还只能是一个推断，是一个假设。要让科学界承认它，就必须把这种物质分离出来，并指给大家看："它就在这里！"——想到去发现一种不为人们所知的极为特殊的元素，这使玛丽兴奋不已。她决心把它找出来。比埃尔热切地关注着妻子的实验，他意识到，妻子的这项研究具有十分重大的意义。他决定停止自己对结晶体的研究，与玛丽一道来探索这种新的神秘元素。从此，两个天才的学者的卓有建树的合作就开始了。

居里先生认识到放射性研究的重要意义，决定放下自己的研究，协助夫人进行化学实验。

　　在阴暗潮湿的小工作室里，居里夫妇对沥青铀矿进行深入研究。他们把沥青铀矿石的各种成分分离出来，然后测量它们的放射性，逐个予以排除。随着不断地淘汰，他们查找的范围在不断缩小。这时，

他们又意外地发现，强放射性存在于两个不同的化学成分里边，这就是说，他们搜寻的是两种未知的强放射性物质。

6月13日，在测量一种沉淀物的放射性时，仪器上显示出的从未有过的高强度使他们激动得发抖了。试管上沉淀的这一层黑色粉末，放射性竟比铀高出330

倍。他们终于发现了其中的一种新的强放射性物质。他们以玛丽出生国波兰的发音给它命名为"钋"。

1898年7月11日，他们把这一结果向外界宣布。不过，这种元素太活跃，生命太短暂，无法进行工业开采，但他们的发现却为后来的几项重大发明创造提供了基础。

接着，居里夫妇把注意力集中到对另一种强放射性物质的追寻上，他们一步步地向猎物逼近。有一天，当他们分离钡化合溶液时，终于把那个期待已久的巨大猎物捕获了。这种物质的放射性难以置信地强烈，比铀的放射性要强200万倍。他们把它命名为"镭"。

镭的拉丁文意思就是"放射"。

尽管他们已经发现了钋和镭的存在，但当时他们还没有分离出纯净的钋和镭来。严谨的科学需要把它们分离出来，展示在科学家面前，再经过严格的鉴定，确定

→ 玛丽·居里在工作中

它们的原子量，这时，才能充分证实它们的存在。更何况这些物质的出现，将揭示物质世界的秘密，证明我们这个星球并不是由一成不变的元素组成的。这将动摇已经根深蒂固的物质成分观念理论。化学家们需要重新考虑他们的化学，物理学家们需要重新考虑他们的物理，哲学家们也需要重新考虑他们的哲学。因此，科学界保持着谨慎的态度，要等到有了决定性的成果时才能够予以承认。居里夫妇的使命就是取得纯净的钋和镭。

为了提取这两种极为稀有的元素，他们必须提炼大量的沥青铀矿物。沥青铀矿物是一种贵重矿物，贫

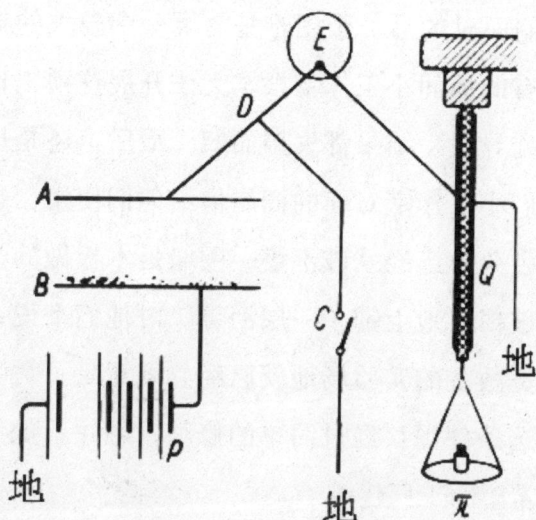

这一装置也叫石英压电秤，原理如图所示。图中的E是静电计，用于检验两侧电压值是否相同。压电晶体因负重产生的电压和放射性漏电产生的电位差互相平衡。从而可以很精确的测量放射性剂量。用这些实验仪器他们先后发现了放射性元素钋和镭。

困的居里夫妇没有钱购买。他们缺乏金钱却富于智慧，他们想到了利用沥青铀矿的工业残渣的好办法——沥青铀矿提取铀后的残渣，其中的镭和钋是原封未动的。他们写信给奥地利科学界的朋友，请他们给予帮助。经过朋友们的斡旋，奥地利政府施加影响，设在波希米亚的生产铀盐的工厂决定赠送一部分沥青铀矿残渣给他们。他们又克服困难花钱把这些原料从很远的地方运回来。

他们面对的另一个困难是需要一个较大的提炼场所。原有的那间小工作室根本无法开展这项工作。他们又四处寻找，结果都失望而归。最后，还是理化学校将他们小工作室对面的棚屋借给他们使用，这个棚屋闲置已久，已经残破不堪，围墙是木板做的，玻璃屋顶已破损，地上铺了一层沥青。对他们来说，能得到一块宽敞些的实验场地就已经心满意足了，哪还有资格挑选条件呢！经过简单的修整，融注着他们全部感情和希望的工厂建成了。

矿渣从遥远的异国运来了，玛丽跑出去，她按捺

他们决心从成吨的废矿石中提炼微量的放射性元素。他们从理化学校借来一间废木棚做实验室。这里是实验室，是无人问津的存废料堆的仓库。这是门口的情况。

不住急切和兴奋的心情，迅速打开一个口袋，把双手伸进暗棕色的矿渣中。从此，投入了艰苦的炼制工作。玛丽每次从口袋里取出20公斤原料，倒入一口生铁锅内。20公斤是她能拿动的最大重量。然后，点火熔化、过滤、沉淀、盛出、再熔化、把液体倒出，送去检验。他们周而复始地工作着。后来，为了提高工作效率，比埃尔与玛丽做了分工，由比埃尔负责检测分析，玛丽继续负责提炼。提炼工作又苦又累，有时，玛丽整天整天地用一根差不多跟她一般高的铁棍搅动着沸腾的液体，累得她筋疲力尽。

夏天，阳光从屋顶射进来，屋子简直像火炉，室

内无通风设备，又充满了硫化氢的有毒气体。天气好时，玛丽就把铁锅搬到院子里工作。她穿着满身尘污的旧工作服，上面酸迹斑斑。风吹乱她那金色的头发，周围弥漫着刺人眼睛和咽喉的烟尘。稍不留神，讨厌的杂物落入液体中，就得重新熔炼。

冬季，风雪从玻璃棚上钻进来，整个屋子仿佛是冰窖，尽管炉子生得很旺，屋内还是寒气逼人。尽管这样，他们仍紧张地工作，有时他们就在这里就餐。当冷得实在难捱时，就从火炉上取一杯热茶，暖暖身子，提提精神。

这期间，他们不仅要克服工作上的困难，而且还

有很多其他方面的困难难以克服。比如，家庭经济的
拮据，亲人逝世的痛苦，还有他们自身疾病的折磨。
在这最艰苦的时刻，比埃尔病了，他产生了暂时放弃这
项工作的念头，他想要在将来条件好转时再继续下去。
但玛丽毫不动摇，她积极鼓励丈夫。她的坚定态度使比
埃尔鼓起了勇气，他们又投入到忘我的工作之中。

　　在居里夫妇宣布有镭存在的45个月后，即1902年
9月，他们终于取得了成功。他们提炼出1分克纯镭，
并初步测定了镭的原子量为225（后经精确测定，镭的
原子量为256）。

　　纯镭提炼出以后，居里夫妇沉浸在胜利的喜悦之
中。一天晚上，忙完家务事，安顿女儿睡下，已经9

　　这是实验室的内景。经过4年的努力，才从8吨的矿渣
中提取0.1克的镭盐。

点钟了。可他们的心情仍不能平静，似乎有什么在呼唤着他们。于是他们携起手来，走过街区，来到娄蒙路，来到那个棚屋，看到镭在黑暗中放射出的蓝色光辉，他们感到无比幸福。他们觉得，镭就是他们的孩子，是他们孕育了多年才产生的婴儿，他们为创造了这个婴儿而骄傲。在这期间，他们还提炼出了纯钋。

居里夫妇无可争议的研究成果，得到了科学家们

的普遍承认，并且引起了科学界对他们坚韧不拔的毅力和献身精神的由衷的钦佩。

居里夫妇不仅仅是发现了镭和钋这两种元素本身，还在于这期间对放射性领域的开创性研究。1989年至1903年，他们发表了很多重要论文，如《论放射性钡的原子量》《新放射性物质及其所放射的射线》《论镭盐诱发的诱导放射性》《论镭的原子量》等，这些研究成果奠定了放射学的基础。

1903年6月25日，在索尔本大学小礼堂举行了玛丽的博士论文答辩会。3位身穿大礼服的主考人庄严地坐在主考席上。玛丽从容不迫，金色的头发高高绾起，

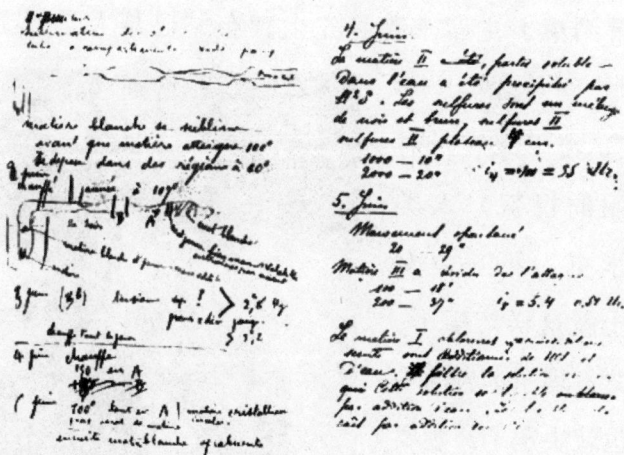

居里夫妇配合默契。这是他们1898年的记录，左边是居里先生记录的分析沉淀实验的结果，右边是居里夫人记录的化学成分的实验结果。

娇弱的身体穿着一件黑色连衣裙。比埃尔与他的父亲，玛丽的姐姐布罗妮雅都来到这里，还有玛丽兼课的好多学生来为自己尊敬的老师喝彩。这次答辩会在科学界引起很大震动，许多科学家来到这里目睹一位杰出的女科学家如何破天荒地进入博士的殿堂。这使得答辩会盛况空前。

玛丽的论文题目是《放射性物质的研究》，这里凝结着她几年来经过艰辛努力所取得的惊人成就。她用柔和的声音，阐述着尖端的科学发现，她的语言在人们头脑中变成了一幅灿烂动人的伟大的新发现的图景，她的高质量的论文，征服了所有与会者。答辩结束，主席李普曼先生宣布"巴黎大学授予玛丽物理学博士学位"。接下来表示对玛丽的祝贺。人类科学史上第一位女博士就这样产生了，从此，玛丽本人的一生也就决定了，她要在她与丈夫开拓的这个领域不断探索，贡献一生。

← 居里夫人与比埃尔·居里

在困难和荣誉面前

> 上天完全是为了坚强我们的意志，才在我们的道路上设下重重的障碍。
>
> ——泰戈尔

居里夫妇从1898年发现镭的存在到1902年提炼出镭，历时3年零9个月。玛丽在回忆这段生活时说过，

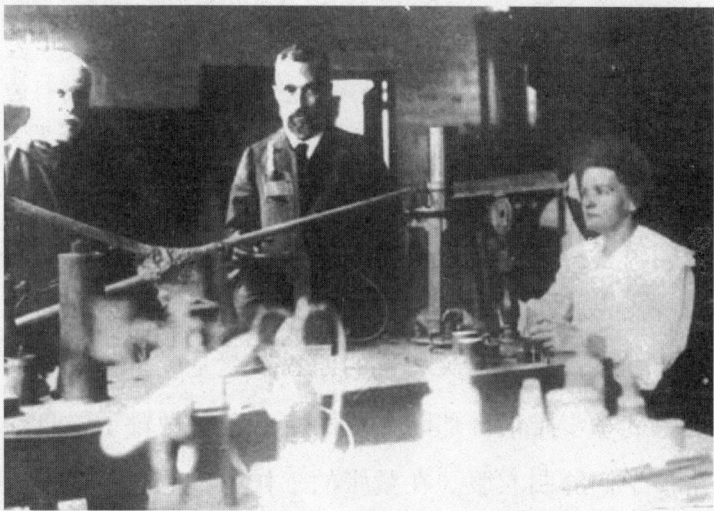

居里夫妇采用一种先进的方法，用石英压电晶体来补偿验电器漏电电流，这是居里夫人正在使用这种方法。请看她的右手正在操纵砝码。

这是她和丈夫共同生活中最英勇、最美好、最幸福的岁月。

那时，除了缺乏应有的科研装备和人力以外，生活上的困难也时刻困扰着居里夫妇。他们结婚时比埃尔每月收入500法郎，玛丽对于每项开支都记在本子上，她需要精打细算。他们有了女儿之后，医生不允许她给孩子哺乳，

比埃尔·居里不但研究了压电效应，还研究了晶体理论、红外线和磁学，特别是铁磁材料的磁性随温度变化的关系。居里点就是以他的名字命名的。

必须另雇奶母，因为她的乳汁缺乏营养。这样他们的经济支出就更拮据了。特别是他们从事纯镭提炼的前两年，不仅没有钱买贵重的原料，就是应付日常生活也感到举步维艰。那时，玛丽自己动手做靴子，自己给孩子们缝制衣服。在紧张的工作中，他们不得不分出心来解决生活上的困难。比埃尔申请到工艺学校做辅导教师，每年可以收入2500法郎；玛丽也要尽她的一部分责任，申请到很远的赛福尔女子高等师范学校

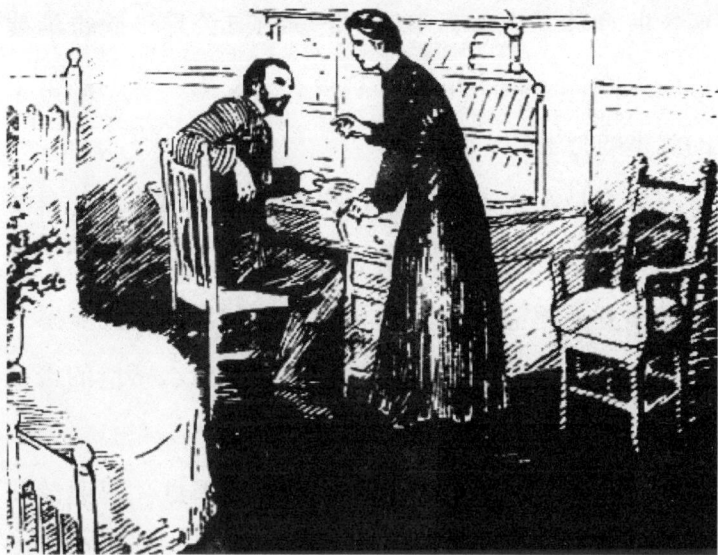

任教。由于两项额外工作，才使他们的预算保持平衡。

实际上，只要比埃尔能在索尔本大学取得教授的职务，一年的薪水就有 1 万法郎。这样，他们的科研费就可以解决，然而比埃尔是个与世无争的人，他从来不善于宣传自己和推荐自己，所以几次提职的机会都错过了。

经济上的困难还没有得到圆满的解决，接着又面临着新的痛苦的威胁。居里夫妇使放射性焕发了辉煌的光彩，而放射性也在慢慢地侵蚀他们的肌体。加以他们又废寝忘食地工作，所以身体越来越虚弱了。比埃尔得了一种奇特的病，突然性的四肢剧痛，这剧烈的疼痛，迫使比埃尔不得不停止工作，卧床休息。玛丽这时期体重也明显下降，已减了7公斤，脸也消瘦得令人吃惊。祸不单行，紧接着又受到一系列感情上的沉重的打击。

首先是姐姐布罗妮雅，决定全家迁回波兰。自从来到巴黎，她一直受到姐姐、姐夫的关心和庇护。他们的离开使玛丽失去了重要的支柱和靠山。玛丽感到除了丈夫、孩子、住房和学校之外，什么感情的寄托都不存在了。

1902年5月，又传来一个不幸的消息：玛丽的父亲病故了。"父亲"二字在玛丽心中的分量是多么凝重、多么伟大呀！她觉得世界上再没有比自己的父亲更伟大的人了。母亲去世后，父亲克服重重困难培养教育他们，没有父亲的关怀和帮助，就没有她今日的

居里夫妇的实验桌上摆着游离室和石英压电秤

成功。这一不幸的消息，使玛丽万分悲痛，她要求姐姐延缓父亲下葬的日期，她要立刻赶回波兰去与父亲告别。当玛丽面对父亲的遗体，望着父亲的遗容时，不禁泣不成声，泪如雨下。巨大的悲痛使她无法忍受，她痛苦地责备自己：为什么要去法国？为什么不陪老父亲度过晚年？安葬了父亲很久，她还不能从痛苦中解脱出来。

不久，玛丽得了轻微的梦游症，接着她又一次怀孕了。由于身体十分虚弱，精神状态不好，孩子早产了。这对玛丽来说又是一个打击。她痛苦地说："这是个女儿，样子很好看，生下来时她还活着，我多么想要她！"可是，这个孩子没有活下来。

老居里大夫来到他们身边，和他们共同生活，一家三代，亲密无间。

比埃尔的病情加重了。他痛苦不堪，整夜呻吟，玛丽常常在身边守着他。待病情稍一缓解，他们两人又马上投入镭的实验工作。

← 油画 玛丽·居里

　　有一次，这个坚强的男人轻轻地对玛丽说："我们选择的生活太苦了。"听了比埃尔的话，玛丽十分担心，在他们病重时，她曾经常想到死亡，比埃尔是不是已经用尽了他的力气或得了不治之症？她呼唤着比埃尔，比埃尔吃了一惊，问她："怎么回事？亲爱的，你怎么啦？"玛丽痛苦地说："比埃尔，如果我们俩死了一个，剩下的一个也活不了，我们分开是不能活的，

→玛丽·居里与丈夫比埃尔·居里以及女儿伊雷娜在一起

是不是呢?"比埃尔却摇了摇头,他坚定地对玛丽说:"你错了,无论发生什么事,一个人即使成了没有灵魂的身体,还应该照常工作。"

他们在工作中所要付出的代价实在是太沉重了,他们从事各种艰苦劳动,忍受各种沉痛打击,可怕的放射性还时刻摧残着他们的身体。镭向居里夫妇索取的东西,只能是从一个特别坚强的男人和一个特别坚强的女人的顽强意志中获得满足。

　　当初居里夫妇可以不走这条艰难的路，可以去过那种安逸的生活，但是最终他们还是选择了科学。即使在最困难的时候，他们也没有失去改变自己命运的机会，但他们为了刻骨铭心的镭，甘愿放弃了这些机会。

　　瑞士日内瓦大学，曾于1900年提出聘请比埃尔到该校担任教授职务。这时镭的发现还没有引起轰动，但物理学界和化学界都注视着放射学的发展和研究。

　　日内瓦大学许诺给比埃尔1万法郎的年薪，供给住房补贴，并且提供一个设施齐全的实验室，还答应把玛丽安排在这个实验室工作。这种优厚的条件对于

生活和研究条件很差的居里夫妇来说是梦寐以求的。这一诚挚的邀请使居里夫妇很受感动。他们接受了聘请。但是当他们即将离开娄蒙路的棚屋，终止对镭的研究的时候，他们又动摇了。因为他们跟镭已结下了不解之缘，让他们间断对镭的研究，这实在难以割舍。于是，比埃尔只得向日内瓦大学表示道歉，并提出辞呈。这时正是他们最困难的时期。

1902年，比埃尔的成就已为很多人推崇。科学院院长准备推荐他去接受政府专门为奖励成绩卓著的科学家而设的"荣誉勋位勋章"。但鉴于比埃尔对这类事情毫无兴趣，便劝说比埃尔把它当作对理学院的贡献来接受，而勋章佩戴与否，则悉听尊便。同时，又请玛丽从旁施加影响。但比埃尔却答复道："敬请代向部长先生致谢，并请转告他，我丝毫不感到需要勋章，我急需一个实验室。"

比埃尔和玛丽不仅对于荣誉是冷漠的，对于金钱也有着与此相同的原则。在他们提纯镭的过程中，发明了一种很好的制取镭的方法。

镭的医疗作用在社会上引起轰动后，人们渴望得到这种稀有的物质。因此，各国都准备发展制镭工业。一天，居里夫妇收到一封发自美国布发罗的信，一些

这是实验室的内景。没有窗户，玻璃顶棚早已破碎。冬天无法取暖，夏天闷热难熬，他们两人就像水泥工人一样，整天和矿渣打交道，用粗大的铁棒不停地搅拌大桶里的溶液，还要给溶液加热，烟熏雾呛，劳累不堪。

要创立制镭业的工程师，向他们请教制镭的方法。居里夫妇面临两种选择：一种是毫无保留地向这些人介绍他们的制造方法，这样可以使制镭业在国际上迅速发展；另一种，是首先取得这项技术专利，确定他们在制镭业的权利之后再予转让。采取后一种办法，就等于获得了取之不尽，用之不竭的巨额财富，不仅可以使他们过上富裕的生活，而且可以轻而易举地建设一个最好的实验室。然而，他们决定不从自己的创造中取得物质利益，放弃领取专利执照，提供有关资料，毫无保留地公布他们的制镭方法。这就使得制镭工业很快发展起来，使这种神奇的金属最大限度地服务于社会。

居里夫妇的重大发现，首先在英国激起了反响。1903 年 6 月，英国皇家科学协会邀请比埃尔到英国举行镭的讲座，比埃尔偕夫人一起参加了这次盛会。玛丽是被允许参加皇家科

学会会议的第一名妇女。英国的学者挤满了礼堂。比埃尔在讲解的同时，实际展示镭的各种奇异特性，在出席晚餐和宴会时，玛丽依然穿着那件黑衣服，也没有佩戴任何首饰。当她看见那些贵妇人佩带着各种金银珠宝时，她暗自感叹："这些东西够建造多少个实验室呢！"

1903年12月10日，瑞典斯德哥尔摩科学院庄严宣布当年的诺贝尔物理学奖金授予柏克勒尔和居里夫妇，以表彰柏克勒尔发现天然放射性和居里夫妇对天然镭放射现象所进行的开创性研究。居里夫妇得到了这种奖金的一半，等于7万法郎。由于当时居里夫妇的身体状况不佳，是法国公使代表他们从瑞典国王手中领

→居里夫妇

取的。按照诺贝尔基金委员会章程的规定，获奖者要在会后6个月内，以得奖的工作为题目到斯德哥尔摩作一次公开讲演。可是这时他们所兼任的教学工作使他们无法分身，加以玛丽患病还没有完全恢复，去斯德哥尔摩讲演的事只好一拖再拖了。

1904年1月2日，他们收到了那笔折合7万法郎的奖金。"这笔钱怎么用呢？"他们思考着。

玛丽首先决定辞去比埃尔那份辛苦的理化学校任课的职业。因为比埃尔太累了。可是玛丽自己所兼任的女子师范学校的工作她还要坚持。

为便于研究工作，他们雇用了一名助手。连同后来得到的奥西利奖金，拿出一部分赠借给亲友，还拿出一部分捐助给各科学团体。有一位在波兰教过玛丽的法语教师，她的最大愿望就是能再回到家乡法国看一看，玛丽帮助她实现了这一夙愿。玛丽一向乐意帮助别人，但对自己却很吝啬，连自己头上的一顶旧帽子都始终没舍得丢掉。

居里夫妇荣获诺贝尔奖金的消息一发表，千百万人把注意力集中到他们身上。崇高的声望、新闻界的赞誉、人民的敬仰、各种各样的邀请完全打乱了他们的生活秩序。特别是各种采访，使他们无法躲藏。他们在娄蒙路的住处和他们工作的棚屋，被好奇的群众和各国记者包围得水泄不通。他们的工作和生活的各方面情况，都被记者搜索去发表。里面还有不少无稽之谈。对于这种突变，他们难以适应。玛丽说："我真想藏到地下去求宁静"；"我简直就想要过远离人类的野人生活！"但他们对此无能为力。由于他们对于荣誉并不热衷，因此，他们看到时间白白地浪费而十分焦急。有一次居里夫妇被邀请参加法国总统的晚宴，有

一位夫人问玛丽："你愿意让我引见你觐见希腊国王吗？"玛丽诚实地回答："我看不出有什么用处。"那位夫人被玛丽的答复惊呆了。这时玛丽才认出这就是总统夫人，玛丽连忙补充说："但是你要我做的事，我当然尊命……。"为了逃避人们的纠缠，他们不得不乔装打扮到外地旅行，住进了渔村。即使这样，也没能逃脱记者的追踪。一次玛丽坐在渔舍前，从鞋里往外倒沙子。一位美国记者同玛丽搭话，当她抬起头时，记者一眼就认出了她，于是坐在她身边，掏出了笔记本。

1904年，玛丽又怀孕了，她向赛福尔女子高等师范学校请了假。由于对比埃尔身体状况的担心以及自己深深的疲倦感，她心情十分忧郁。分娩前，玛丽虚弱到了极点。她的姐姐布罗妮雅从波兰来巴黎照料她，才使她情绪有了好转。她迅速恢复了对生活的热情，以她坚定的步伐，继续艰苦的人生旅程。

比埃尔的学术地位在巴黎大学得到了承认，经索尔本大学校长推荐，被聘为物理学讲座的正式教授。但比埃尔更希望能有一个实验室。可是新的职位并没有给他实验室和科研经费，这迫使比埃尔不得不提出辞职。后来，政府和学校给他一些经费，在远离学校的地方，给他们提供了一个很小的实验室。

1905年6月，居里夫妇终于出现在瑞典斯德哥尔摩，作了获得诺贝尔奖的讲演。他们深入论述了镭的发现对物理学、化学、地质和气象学、生物学

方面的重大意义。这次活动排场不大，很少有官方人员参加，免去了不少令他们为难的应酬，再加上瑞典学者的热情接待和那里的美好景色，使他们感到非常愉快。回来不久，比埃尔被选为科学院院士，法国和法国科学界承认了他们的杰出贡献。但比埃尔却有些迷惘，他说："我还没有发现科学院有什么用处。"

1906年的春天到了，他们又骑着自行车去野游，居里夫妇躺在柔软的草地上，享受着暖暖的日光，一周岁多的艾芙激动地喊叫，大女儿伊雷娜在追逐蝴蝶。这场面使比埃尔感到很幸福，他亲切地抚摸着妻子的面颊和那金色的头发，对她说："在你身旁，生活是甜蜜的，玛丽。"

1904年12月，居里夫妇的漫画出现在《名利场》杂志上。当时的社会舆论始终把玛丽放在从属地位，说她是丈夫的好助手。

磨难中的奋勇攀登

> 不幸是天才的进身之阶，信徒的洗礼之水，能人的无价之宝，弱者的无底之渊。
>
> ——巴尔扎克

正当居里夫人静下心来，准备把她的事业继续推向新的高度的时候，最不幸的事情发生了。

那是1906年4月19日，这一天阴云密布，雷雨交加。在车水马龙，拥挤不堪的街道上，比埃尔为躲闪受惊的马车跌倒又被随后驶来的一辆载重货车的后轮毫不留情地压碎了头骨。

警察从证件中发现死者是比埃尔·居里，一个著名的学者

居里夫人怀着巨大的悲痛，发愤完成居里先生未竟的事业。

和教授。人们无限愤慨、七嘴八舌地谴责着肇事者，为这位伟大的科学家突遭灾祸而悲伤难过。居里先生的助手克莱尔先生得知消息后立即赶到现场，看见比埃尔惨死的情景，他俯下身去痛哭流涕。

　　共和国总统特使来到居里先生家，准备通知他的家属。可居里夫人正巧不在。家中突然来了这么多有地位的人，来者那慌乱的神态，使比埃尔的父亲立即预感到一种不祥之兆。他老人家并不向来者问什么？只是自言自语地叨咕着："我的儿子死了？"他一边流泪、一边责备着比埃尔："他当时在梦想什么？"

　　居里夫人很晚才回到家，当人们把事情告诉她时，她一点思想准备都没有。早晨居里还跟自己打招呼，可晚上就再也见不到他了。她被这突来的横祸给镇住了。此时此刻，她完全麻木了，她仿佛失去了生命，失去了灵魂。她木木地愣在那里，半晌才恢复点知觉。她开始疑惑地问："比埃尔死了？……死了？……真的死了？……"

这突如其来的灾祸对居里夫人的打击太大了，大得她无法承受。夫人委托他人把比埃尔遗体抬回家，停在自己的卧室里。她关上门，面对头上缠着绷带的丈夫，有多少话要对他讲，有多少情要对他诉。她把所有的情和爱都寄托于给丈夫的吻别。她深深地吻着

比埃尔，吻着他的脸、他的手，吻着他身体的各个部位。然后，她紧紧地抱着比埃尔的身体不放……

第二天，比埃尔的哥哥雅克斯·居里来到家中，居里夫人仿佛才从麻木中惊醒。在雅克斯·居里面前，她再也无法抑制住那万分的悲痛，终于痛哭起来。

消息传到波兰，居里夫人的哥哥约瑟、姐姐布罗妮雅都赶来看望她。他们给予玛丽多方的关怀和安慰，他们不停地开导玛丽，但这巨大的心灵创伤怎么能立即愈合呢？

玛丽把一切痛苦都留给了自己，她不向任何人诉说，只在日记里记下自己的哀思、痛苦和悼念。

居里先生的不幸去世，惊动了世界，很多国家的首脑、大臣，特别是科学家们和居里夫妇的朋友们纷纷致电、来函、写文章，沉痛悼念这位做出举世瞩目成就的科学家，对居里夫人表示慰问和同情。

在大家讨论如何举行葬礼时，玛丽为了避免官方那兴师动众的仪式，决定把葬礼提前。她用最简单的办法把比埃尔拉回他的家乡梭镇，同他的母亲葬在一起。玛丽最了解自己的丈夫，她知道只有这样的安排才能令九泉之下的丈夫满意。在比埃尔的棺木上她还为自己留了个位置，她决定死后也要永远跟丈夫在一起。

比埃尔死后，居里夫人的生活再次艰难起来。家里，上有公公、下有子女。小女儿才刚刚两岁，大家

都为这个家而担忧，都怕玛丽无法承担这样的家庭重担。政府决定给予玛丽和孩子们抚恤金，玛丽不肯接受，她说："我不要抚恤金，我还年轻，能够挣钱维持我们一家的生活。"

比埃尔原承担着索尔本大学的物理学教职，他突然去世，这一教席是否可以保留呢？很多居里夫妇的亲属朋友都提议：只有玛丽能弥补这一损失，只有玛丽能承担这一要职。理学院会议讨论一致通过，以"代理教师"的名义将这一教席给予玛丽。

1906年5月13日，玛丽作为一名女性迈上了大学的讲台。事业使玛丽有了感情寄托，能承担丈夫的事业，对她更是一种很好的宽慰。

这一天，人们纷纷涌入了索尔本大学，女性走向大学讲台这在索尔本还是第一次。这一举动惊动了社会各界人士，来听课的人挤满了物理系的阶梯教室、走廊里、教室外边，甚至整个教学楼都被人们包围住了。

玛丽免去了就职仪式，取消了一切颂词及客套话。1点30分，她从后门走进来，在一片热烈的掌声中，迈向讲台，她只是微微地向大家点点头。然后她打开讲义，开门见山地开始讲授课程。她说："在默察近10年来物理学上的进步的时候，人们对于我们在电气和

这是居里夫人使用过的各种仪器，现摆放在波兰华沙古城内的居里夫人故居中。

物质方面的思想进展表示惊异……"

这句话正是居里最后给同学们讲的那句话，玛丽竟然如此准确无误地接着丈夫的讲稿继续授课，这句话深深地触动着在座的每一个学生，引起他们无比的激动和深深的怀念，使荣幸和悲哀这种复杂的情感混杂在一起，每个学生脸上都挂满了泪。他们是流着泪听完居里夫人这堂课的。

比埃尔去世后，留给玛丽的不仅是整个家庭的重负和他所承担的那一部分事业，同时，她还要完成他的梦想，建立一个一流的实验室。

　　玛丽在棱镇租了一所房子，还带有一座很美的花园。她要给公公和女儿创造一个良好的生活环境，可她自己宁肯每天坐一个小时的火车到巴黎上班。这时她的身体状况很糟，有一次甚至昏倒在饭厅里。比埃尔的父亲是一个非常好的老人，他理智、坚强，儿子死后，他努力抑制悲哀，帮助儿媳妇和孩子们渡过难关。玛丽不在家，爷爷在教育和生活上殷切地关怀和照顾两个孙女。玛丽对这位老人怀有深厚的感情。后来这位老人得了重病卧床不起，玛丽为了孝敬老人，把所有空闲时间都用来照顾他。1910年2月老人去世，这对玛丽又是一个打击，她把公公安葬在婆婆和比埃尔的墓里。

土耳其 1935 年发行的全世界第一张居里夫人邮票，是纪念国际妇女联盟第 12 届大会召开而发行的，它是物理主题邮票中最珍贵的一枚。

这时，大女儿伊雷娜 13 岁，小女儿艾芙不满 6 岁。玛丽对她们的成长特别关心。她在给予她们智力教育的同时，特别注意劳动和体育的教育，而且还培养她们的生活本领。她常常陪孩子们骑自行车出游，和她们一起游泳。她要求孩子们有胆量。她没有给孩子们宗教教育，这和丈夫不相信宗教有关。她只想让孩子们去学校接受文化教育。可她又有一个不寻常的设想。她想请一些教授和名人以及自己本人亲自给孩子们讲课，每人讲一科，这样轮流进行授课。把他们对科学的热爱、工作的专注和卓越的工作技巧传授给孩子们。后来发现这种教学方法也有一定缺陷，这种教育不够系统，所以玛丽还是把伊雷娜送进了学校。

玛丽在世袭的男人领地占有一席之地，并取得了很高的荣誉，使一些人大为不满，这些人勾结起来发起了对玛丽的攻击。就在这时，英国物理学泰斗克尔文宣称镭不是一种元素，可能是由铅和氦原子组成的分子化合物。争论无法解决问题，需要的是进行证实。这种证实，不是经过4年艰苦努力和数次操作所获得的纯镭粉末，而是要制造出金属镭本身。玛丽勇敢地接受了挑战，她得到了朋友的资助，开始了新的更加艰苦顽强地拼搏。在工作中她同安德列·德比尔纳合作并培养了一代年轻的研究人员，又经过长达4年的努力，于1910年生产出了金属镭。这对一切怀疑她、攻击她的人是一个最有力的回击，并且更充分地证实了居里夫人是科学界一颗璀璨的明星。

　　这时玛丽又在放射性研究上取得很大的进展，她

←玛丽·居里

发表了《镭的原子量》的论文；和德比尔纳共同发表题为《论钋》的论文，编写了两卷《论放射性》专著；整理出放射性元素蜕变的系统关系并发表《放射性系数表》论文；她还发现了用镭射气精确测定镭的量的方法；她制备了镭的第一个国际单位，将21毫克纯氯化镭封入玻璃瓶存入巴黎附近的国际度量衡标准局里。

由于玛丽对放射学的卓越贡献，她的声誉日渐显赫。世界各著名大学和研究机构争相授予她名誉学位和职务。然而在法国她却没有得到相应的礼遇。有人提议她参加竞选科学院院士，她答应了，原以为应当选上，但却以一票之差落选，那些顽固的保守派不允许女人进入这一高贵的殿堂。不过这种偏见并不能阻

1911年第一届索尔威会议，右边坐着的是居里夫人。

碍科学界对玛丽的推崇。为表彰她在丈夫去世后所取得的辉煌成就，瑞典科学院于1911年12月将当年的诺贝尔奖金授予玛丽。这使玛丽第二次获得诺贝尔奖金，这在世界科学家中还是史无前例的。姐姐布罗妮雅和玛丽的大女儿伊雷娜陪同她参加了获奖报告会，玛丽在讲演中把成就归于丈夫比埃尔的帮助和他们共同奠定的基础。

在玛丽名声大振的同时，外界对她的攻击和诋毁也越来越强烈了，有人提出她与另一位男科学家有暧昧关系，还有人提出她不是法国人，是"篡夺者"，不仅报纸广为宣扬，而且在自己家的周围也常常遭到人身攻击和谩骂，甚至有人往玛丽屋里扔石头。这个毫无抵抗能力的女人在这场风暴中苦苦挣扎，她被逼得

几乎要自杀和疯狂。这时她的家搬到了巴黎市白杜纳码头30号，一些正直的人们和玛丽的朋友、亲人站在她一边，安慰她，鼓励她，为她辩护。1911年12月，人们把她送进一所疗养院，这时她已奄奄一息。经过顽强的搏斗，居里夫人终于战胜死亡。但为了养病和躲避诽谤，她隐匿到了外地。

当居里夫人处于这种困境时，她的祖国有很多人在关心着她，他们组成了一个教授代表团于1912年5月来见玛丽，热烈希望她回祖国，去振兴波兰的科学，并决定为她建一座实验室，这使她深受感动。可是经过冷静思考，她认为还是巴黎有利于自己的事业，而且这时她所希望的实验室正在筹建中。于是她谢绝了波兰的邀请。

1913年，居里夫人不顾身体虚弱回到波兰，参加华沙放射性实验室的落成典礼。俄国统治者没有过问，给玛丽的活动提供了便利。第一次用波兰语作科学讲演，这使她无比激动。她参加了各种聚会，重游青少年时代常去的地方，还拜谒了自己家的墓地。这些活动使她感到既甜蜜又悲哀。

居里夫人的健康状况逐渐好转，到1913年的夏季，她已经能够背负行囊去旅行了。参加旅游的有居里夫人和她的两个女儿及著名科学家阿尔伯特·爱因斯坦和他的儿子。玛丽和爱因斯坦有着天才之间坦白而忠诚的友谊。孩子们跳跃着走在前面，两位科学家则饶有兴趣地探讨一些理论问题。

居里夫人这时最为关心的是她的实验室的建设。1909年，巴斯特研究院的院长提出要给居里夫人创设一个实验室，把她吸引到研究院里来，但索尔本大学绝不同意，经过争论，确定双方各出资40万金法郎，创设一座镭研究院。研究院的一部分是研究放射学的实验室，由居里夫人领导；另一部分是研究生物学和放射性疗法的实验室，由另一位科学家领导。两个机构共同发展镭的科学。

居里夫人经常到工地来，亲自过问和指导。她决定把实验室建得先进一些，最起码几十年不落后。她对获得这一实验室倍感珍惜，这可是自己和比埃尔一

← 爱因斯坦与居里夫人

生的梦想。可她遗憾的是实验室建立得太晚了，如果它能早日诞生，那么自己的研究成果也早能实现了。经过居里夫人百折不挠的努力，她的研究院终于在1914年7月落成，这是一个白色素雅的建筑物。"镭研究院——居里楼"几个大字醒目地刻在门前的石头上。居里夫人对此无限喜悦，她和丈夫的希望终于如愿以偿，放射性研究可以大展宏图了。

科学家与战士的统一

强者不畏战争，不畏风暴，不畏困苦，他们希望用铁一般坚硬的步伐去踏遍地狱。

——爱默生

为了祖国战斗的，是一位高贵的英雄，为了国家的福利战斗的，比前者更高贵，但是，最高贵的英雄，他是为人类而战斗。

——赫尔德

1914年7月15日，暑假来临了，居里夫人让两个女儿去布列塔尼度假，自己准备再拖几日，打算8月3日去那里与孩子们欢聚。可这种美好的暑假生活被打乱了，7月28日第一次世界大战爆发了。

7月31日，居里夫人还站在镭研究院大厅里，为30名研究人员做着指导，可是战争已不允许他们继续工作了，德国侵略者已侵入法国，居里夫人无法同女儿们团聚了。她马上写信给女儿，告诉她们，要勇敢、要镇静、不要慌乱。

居里夫人周围的人，都纷纷入伍了，就连一些著名的科学家也都拿起了枪，投身于反侵略战斗。正直、

坚毅的居里夫人只有一个念头，为保卫自己的第二祖国而战斗。她是一位放射学专家，她的专业正好可用于治疗抢救伤员，所以她积极投入到卫生医疗战线。居里夫人把各大学中X射线仪器和各工厂制造的X光材料收集起来，分发给各医院。为了解决某些战地医院无电器设备这一矛盾，玛丽就把普通汽车里放一架X光机和一个发电机，这种简单实用的设备对战地救护伤员起了很大作用。

　　猖狂的德军一步步向巴黎推进，局势十分严峻，所有医疗队都在撤退。此时此刻，居里夫人想到自己的女儿，担心着她们是否有危险，可这里正需要自己继续战斗。所以她决定留在巴黎担任救护工作。另外自己那心爱的实验室还留在这里，那珍贵的仪器，还

有1克珍贵的镭，玛丽无法把它们丢下，她要以自己的生命保护它们。后来，居里夫人决定亲自把那1克镭转移到后方。她携带着以铅片包装镭的那个沉重的匣子，挤在乘满撤退人员的车厢里，乘火车到波

←居里夫人

尔多，把那个价值100万法郎的匣子存入一家银行，又返回巴黎。

回到巴黎，玛丽马上投入到紧张的工作之中，她仍在卫生机构里用X光抢救伤员。

由于法国军队的顽强抗击，德军撤退了，巴黎得救了。这时玛丽才把女儿接回来。

然而，战争并没有结束，伤员也越来越多，所有公用汽车都用上了仍满足不了医疗需求。她开始向私人借车，并一再向人家表示，战争一结束马上把车还给人家，很多名人把车借给了她。她用收集到的20多辆车装上X光透视机，这个看起来十分柔弱的女性，在战争中表现得十分大胆、刚毅。她坚定地向官员要

通行证、要权力、要签证，以保证X光透视车在战场
上畅通无阻。

居里夫人把被人们称为"小居里"的20辆车中留
了1辆给自己。这辆机动车总是在最危险、最紧急的
情况下出现。一到目的地，她总是马上调整仪器，紧
张地开始工作。她一边亲自参加抢救，一边安排时间
培训X光操作人员。工作中她常常废寝忘食。她已经
把自己看成了一名普通战士。

玛丽从不为各种困难所屈服，缺少司机时，她自
己开车；车子坏了时她自己修理；睡觉时，车背当靠
椅，野地当床铺，多么恶劣的环境她都能适应。作为
X射线服务指导员，她没有什么特殊的服装，只是旧

衣服臂章上加上了一个红十字。但战地有一个特殊待遇，允许居里夫人使用军用汽车。

居里夫人还辛辛苦苦地奇迹般地建立起200个固定的X光透视室。而且她经常亲自去指导。没有仪器的帮助，医生的解剖刀经常碰到伤处却找不到弹片，玛丽的X光机可以准确地照出弹片的位置，

居里夫人一面要抚养两个女儿，一面要继续进行大量的实验工作和教学工作。后来大女儿伊雷娜长大成人，在居里夫人亲自培养下，也成了一名放射学家。第一次世界大战期间，居里夫人带着伊雷娜作为自己的助手，进行X射线诊疗战地服务工作。

对抢救的作用可想而知。玛丽用她的流动的和固定的X光机械救助过100多万伤员。

战争期间，居里夫人不仅让女儿继续学习，而且让女儿参加反侵略战争的活动。17岁的伊雷娜也学会了X光照相技术，她把女儿当技术员派到各医院去。

战争消耗了大量资财，政府要求公民捐助金子和

购买公债。居里夫人积极响应这一号召，她决定把所有财产都献给国家，甚至她把获得的诺贝尔奖金拿出来购买国债。

居里夫人在实验室里为培训 X 光设备操纵人员办了训练班。从 1916—1918 年先后培养了 150 个放射科护士，后来有 20 多位美国人也来这里学习放射学。

战争终于结束了，居里夫人抑制不住内心的喜悦，她驾驶着那辆遍体鳞伤的 X 光汽车冲上街头，和大家一道喜庆胜利。这场战争的胜利，对她来说真是双喜临门：一是法国反侵略战争终于胜利了；二是自己的祖国波兰从此独立了。

可战争太残酷了，它耽误了居里夫人多少宝贵的

时间，使她失去了自己
所有的积蓄，也损害了
她的健康。4年的战争使
她苍老了许多。然而，
居里夫人迫使自己在较
短时间内忘却战争带来
的创伤，又顽强地投入
到科研之中。

← 伊雷娜继承母亲的事业继续研究放射学

居里夫人总结放射
学在战争中的应用，写
了一本《放射学与战争》的书。她的实验室也重新恢
复了生机，镭射气服务在果瑞先生的指导下继续进行，
而且开展了一些新的科研项目。

玛丽的两个女儿长大了，大学生的伊雷娜准备继
承父母的意志，从事镭的研究，而且很有天赋，她已
经成为母亲实验室的"委任助手"。14岁的艾芙去学习
音乐。到了假期，她们母女3人又去她们的别墅布列
塔尼度假了。由于在这里度假的大多数都是科学界的
名人，人们称这里为"科学堡"。

"科学堡"简直太美了。散布在海中的岛屿挡住了
外海的波涛，使这里的海面平静而幽蓝。他们或者划
船、或者游泳、或者歌唱、或者整治花园，忘掉了一

居里的一家受到科学界的尊敬和爱戴。她的一家有四人得诺贝尔奖。居里夫人本人是第一位两次获诺贝尔奖的物理学家。这是颁发给居里夫人的诺贝尔奖状。

切烦恼,陶醉在大自然之中。这里的假期生活是那样的快活,已经是51岁的玛丽多年没有这样开心过了。她多么希望在这种安静的生活中默默地从事自己的科研工作,然而这种生活并没有保持多久。

1920年5月,美国著名记者麦隆内夫人来访,她是居里夫人的崇拜者,曾多次要求采访均被拒绝,可她不甘心,通过各方面引见,这次终于见到了居里夫人。没有想到,两人一见如故,谈得很投机。居里夫人告诉她,美国已有了50克镭。她问居里夫人:"法国有多少镭?"居里夫人回答说仅有1克在自己的实验室里。那位记者很惊奇,说:"您只有1克镭?"居里夫人回答说:"我一点也没有,这1克镭属于我的实验室!"

麦隆内夫人十分震惊,作为镭的发现者、镭生产工艺的发明者,居然连1克镭都没有。她本应该享有专利的,她应得的财富远不是1克镭的问题,她应该是世界的富翁。

　　然而居里夫人却解释说："没有人应该因为镭致富。镭是一种元素，它是属于世界的。"这位记者被深深感动了。从交谈中，她得知玛丽并不需求金银财富，她心中唯的一愿望是有1克属于自己的镭。这样才能便于对镭的进一步研究，因实验室那克镭已固定了它的应用范围，用来产生镭射线、用于医疗。但1克镭的价格是10万美元。玛丽要想获得1克镭是很不容易的。

　　居里夫人的愿望对崇拜她的记者触动甚大，麦隆内夫人在全国发动了一场轰轰烈烈的筹募活动，各界人士纷纷响应，这次活动终于为玛丽赢得了1克镭。

但有个附加条件，记者代表美国人民邀请居里夫人前往美国，美国人民要亲眼见一见这位伟大的女科学家——镭的发现者。

居里夫人在美国受到热情的欢迎和最高等级的接待，为她举行各种集会，授予她特殊的荣誉。美国总统亲自把赠送镭的文件交给她。居里夫人被这种热情的款待折腾得筋疲力尽。她要参观、游览美国那众多的城市、风景、名胜，狂热的群众扭伤了她的手，她不得不把手吊在绷带上，后来许多应酬只好由女儿代替。在接受和签署赠送文件时，根据居里夫人的要求，这1克镭也归属于居里实验室，自己的子女无权继承镭的遗产，这克镭永远属于科学。

科学工作者的楷模

像蜡烛为人照明那样，有一分热，发一分光，
忠诚而踏实地为人类伟大事业贡献自己的力量。

——法拉第

美国之行所造成的轰动，证明居里夫人已不是一个单纯的学者，她的辉煌成就使她在社会各界赢得了广泛的崇敬，同时使她具有了巨大的社会影响力。因此，国联理事会于1922年5月15日决定，约请居里夫人为国际文化合作委员会的委员，后当选为副主席。为此她经常到日内瓦出席会议。尽管人们对这个组织有所非议，但居里夫人认为无论这个组织如何不完善，这仍然是值得以极大的努力和真正的牺牲精神去从事的伟大事业。她要改变全世界科学的无政府状态。她提出整理书目，以便人们能迅速搜集到各领域的最新研究成果；统一科学符号和术语，统一科学出版物的开本，统一著作摘要，拟定各种常数表，改革实验室的教学方法等。她主张对研究工作进行层层协调，形成指导欧洲科学工作的参谋本部。她还提出要确定学

者的"版权",一种发明创造应用于工业,就要付给报酬,然后用于科学研究。她对于那种"科学进步造成文化危机"的谬论给予无情的抨击。

居里夫人对自己的祖国波兰十分关心,她要支持波兰的科研事业,她计划在华沙建立一个镭研究院,但她没有这样的经济力量。于是,她的姐姐布罗妮雅承担起了募集资金的工作。在"为建筑玛丽·斯可罗夫斯卡·居里研究院买一块砖"的口号感召下,人们纷纷解囊相助。1925年,玛丽到华沙为这所研究院奠基,共和国总统砌上第一块砖,接下来是居里夫人砌上第二块砖,然后华沙市长砌上第三块砖。几年后华沙镭学研究院建成了,但没有镭。玛丽和布罗妮雅的

→一张集中地球上三分之一智慧的照片

1927年第五届索尔威会议

大部分积蓄用在建院上，她又求助于麦隆内夫人。麦隆内夫人的心与居里夫人的心是相通的，她承担起了这次责任并且再次创造了奇迹。1929年10月居里夫人同姐姐布罗妮雅登上去美国

的船，她仍然受到那里人们的热烈欢迎。美国人民不仅赠送了镭给居里夫人，而且还送给她许多礼物和资金。她出席各种集会并发表演说，在圣劳伦斯大学的大门上，看到了自己的精美雕像，还受到美国总统胡佛邀请，在白宫住了数日。

1932年5月29日，玛丽的愿望实现了，她出席了华沙镭研究院的揭幕典礼。她又看到了她出生的城市和街道，又看到了斯杜拉河。她站在河边，感到了对斯杜拉河的无限亲情和依恋。这是她最后一次看到这条河，最后一次回到故乡。

居里夫人已经能够利用自己的声誉来为科学事业服务了。她参与了很多的有关科学教育的社会活动，发挥了自己的作用。但她仍把领导实验室的工作视为

自己的主要工作。

　　每天早上8点45分，居里夫人匆匆走出家门，乘着专门送她的汽车赶往实验室。每天都有十来个研究人员在研究院的前厅等着她。居里夫人进来后，他们马上围拢过来，向她报告自己的科研项目，有的还请她到实验室去直接看一看。这时，玛丽总是在听了汇报之后分别给予明确的指导。她的头脑是那样清晰、精确，甚至于连一个问题的最小的细节，她都知道得很清楚。人多的时候，她就坐在楼梯上，继续这样的问答。这些工作人员都是她亲自挑选的，研究课题也是她指定的，因此，她对这里的工作情况了如指掌。大家对居里夫人由衷地尊重，因为她有几十年丰富的工作经验；她精通5种语言文字；她及时地洞察有关镭的研究成果和新动态；她做实验的能力可称得起炉火纯青；她能迅速地解决那些错综复杂的科研和实验问题。她是学者们公认的最优秀的实验室领导人。处理完大家的问题，居里夫人便走进专用实

→纪念居里夫人逝世50周年银币

验室，专心做自己的实验。但时间不会太长，又会有人来敲门，往往是研究人员把自己提交科学院的报告先送给她审阅。居里夫人总是工作到晚上7点半以后才吃饭，吃完晚饭后还要工作。每天工作12个小时或14个小时，她太劳累了。在她的领导下，实验室在放射性的研究上取得了丰硕成果，从1919年到1934年，这里的化学家和物理学家一共发表了科学报告483份。其中，34份是居里夫人自己完成的。

在玛丽的实验室里有来自10多个国家的研究人员，其中还有一些来自相当落后的国家。玛丽对他们更关心、更爱护，因为她也曾经是个外国人。她曾与女儿谈起对中国青年的指导工作，她认为中国青年很文明，体现了她对中国的尊重。我国放射化学的创始人郑大章教授20年代后期就在居里夫人的实验室工作过，居里夫人亲自指导他进行锕系元素的研究；我国著名物理学家施士元教授曾做

← 居里夫人唯一中国弟子施士元先生

过居里夫人的研究生，在我国科学界享有盛名的物理学家钱三强教授，曾于居里夫人逝世3年后，来到她的实验室，受到居里夫人的女儿伊雷娜的亲自指导。钱三强在那所实验室工作了10年之久，他们都受到了良好的学术教育和品德教育。居里夫人为世界培养了大批青年科学家，也为中国的科学事业做出了贡献。

　　女儿伊雷娜在居里夫人的实验室工作期间，爱上了弗雷德里克·约里奥，这个漂亮的小伙子是镭研究院里最出色、最勤勉的青年。1926年10月，这对青年喜结良缘。玛丽看到女儿很快乐，自己也觉得很满意。后来小两口搬走了，生了一个可爱的女孩。居里夫人经常去看望那个孩子。

　　1933年施士元在巴黎大学作博士论文答辩。图右中者为居里夫人。

小女儿艾芙一直同居里夫人生活在一起，在选择职业上她尊重女儿的意愿，随她从事自己感兴趣的职业。

在居里夫人的感情里永远牵挂着两个姐姐和一个哥哥。尤其是布罗妮雅，她的两个孩子先后死去，紧接着丈夫也去世了，玛丽深深地同情她的不幸遭遇。玛丽非常羡慕姐姐和哥哥都在波兰，能经常在

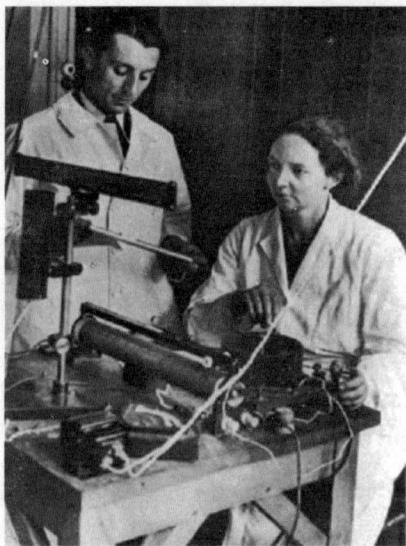

三十年代，第二代居里夫妇继承居里夫人的事业，在放射学方面作出了光辉的成绩。图中站立者是居里夫人的助手，著名法国物理学家约里奥。他正在和他的夫人伊雷娜·居里合作进行化学实验。他们两人因发现人工放射性在1934年获诺贝尔化学奖。

一起。只有自己远在异国，孤孤单单。

使居里夫人快慰的，还有她的实验室。如果谁的工作使她感到满意，她会给予表扬。每逢谁的论文得以通过，或是得到了文凭，得了奖金，她都要举行一次"实验室茶话会"，对获得荣誉者进行热烈的称赞，对其父母表示祝贺。如果这个人是外国人，她会很有

兴致地谈论起这个国家。使她最为欣慰和自豪的是，她的大女儿和女婿，都获得了博士学位。而且两人于1934年共同发现了人工放射性现象，即用放射性元素的射线轰击某些物质，能把这些物质变成新的放射性元素。这一发现对于化学、生物学和医学产生了重大影响。当女婿宣布他们的发现时，居里夫人兴奋极了，她说："我们又回到实验室的好时期了。"

很长一个时期，居里夫人的眼睛、耳疾干扰着她的工作。早在1920年，医生就预言她的双层白内障会使她逐渐失明。她的耳鸣不止，而且声音很大。这些疾病与她长期从事放射性工作有着直接关系。从1923

法国原子能总署的科学委员会在1950年开会，中间就坐的是约里奥·居里夫妇。

1952年，约里奥(前排右第二人)参加华沙和平大会。约里奥不仅是科学工作者，还是著名的社会活动家，他是法国共产党员，在第二次世界大战期间曾参加地下反法西斯斗争。

年到1930年，她动了4次眼睛手术，借助于很厚的眼镜才能恢复基本视力。

然而，只要视力允许，她就会继续工作。她对于实验工作的痴迷，谁看了都会感动。她聚精会神地坐在仪器前，冷冷的屋子里可以不生火，为的是保持温度的稳定。她的两手十分灵巧、熟练、精确地操作。她的身心一旦投入实验，好像世界都不存在了。如果实验没能取得预期的结果，她的脸上会流露出深深的失望，而试验成功时，就会神采飞扬。

正当居里夫人继续展开她的各项事业和人生计划的时候，疾病也在不停地向她进攻。1933年12月，她感到不适，经 X 光照相检查，发现胆囊有大块结石，她父亲正是死于这种疾病。她没有做手术，只想从改善饮食方面来调养。为了检验自己的身体状况，她去溜冰、滑雪，和姐姐布罗妮雅去旅游。但在途中就病了，她倒在姐姐怀里哭泣。经医生诊断仍然是感冒，这种类似感冒的病伴随她后半生，当时对放射性疾病还没有很明确的认识，只能做这样的诊断。长期以来，她的血液成分一直不正常，手也被放射线烧伤，有时干裂、有时化脓。

居里夫人的病时好时坏，病好些，她就到实验室去工作。1934年5月的一天，她带病在实验室工作到下午3点半，她觉得有些支持不住了，疲惫地说："我在发烧，我要回家去。"放下工作，她又来到花园。园里的花开

↑1956年钱学森和居里夫人的女儿一起交谈

约里奥的可变压力云室有独特的性能，拍摄到的粒子径迹比普通云室拍的更长更清晰。这是他制作的云室和他拍摄的一些有重要意义的云室照片。

得那样鲜艳，这时她突然看见了一棵憔悴的蔷薇，立刻吩咐技工好好照料它。大家请她上车，她那充满了怜悯的目光久久不离开那棵蔷薇，嘱咐大家别忘了那棵花。居里夫人就这样永远离开了那所实验室。

居里夫人病倒了，并且一病不起，尽管医院全面检查，也没有查出什么病因。她的小女儿艾芙心急如焚，请了4位法国著名医生来确诊，可他们的诊断也是不正确的。人们主张让居里夫人去"疗养院"。艾芙一直陪着母亲，伊雷娜两口子也都回到母亲的身边。这时居里夫人已经不再固执地厌烦医生，现在她完全听任大夫的摆布。虽然她已经感到了死亡

的威胁，但她还是顽强地憧憬着未来，她想的是她写的《放射学》，她的实验室和女儿们的将来。她已断定伊雷娜两口子即将获得诺贝尔奖，她为此感到自豪。在去疗养院的途中，虚弱的玛丽出现了昏迷。到了疗养院，她的血液里红血球和白血球的数量迅速减少。从日内瓦请来的医生诊断她为严重的恶性贫血症。虽然大家想尽一切办法来挽救这个伟大的生命，但都无济于事了。

1934年7月4日，清晨的阳光照在大地上，也照在居里夫人平静而美丽的脸上，照在她那伤痕累累的手上。在弥留之际，她想到的仍然是她的工作，她喃喃地叨念着她写的书，念叨着"镭"和"钍"，可死神不

能再留给她一点时光了，她的心脏停止了跳动。

居里夫人逝世的噩耗传遍全世界，引起了极大的震动，人们无不为这个全世界最杰出的女科学家感到深深地惋惜，全世界科学界采取各种形势来悼念她。她获得了全世界人民的爱戴和崇敬。

居里夫人的葬礼一如她的性格，简洁质朴。没有举行各种繁杂的仪式，只有她的亲友和同事参加，她的棺木放在比埃尔·居里的棺木上面，这是照着她的愿望做的。她的哥哥、姐姐把从波兰带来的泥土洒在墓穴中。居里夫人要与她刻骨铭心地爱着的丈夫比埃尔和养育她故乡的泥土一起长眠。

一年后，她以最后心血写成的《放射学》出版了，正如她所期望的，这本书启迪着青年向放射学的更高、更深的领域探索和冲击。